ESP 성경공부 시리즈

만왕의 왕

마태복음

예수 그리스도

ESP

기독대학인회(ESF: Evangelical Student Fellowship)는
사도행전 1장 8절에서 선포되고 있는 예수님의 지상명령에 근거하여
캠퍼스복음화를 통한 성서한국, 세계선교를 주요목표로 삼고 있는
초교파적 선교단체입니다.

ESP는
Evangelical Student Fellowship Press의 약어로 기독대학인회(ESF)의
출판부입니다.

ESP 성경공부 시리즈 마태복음

만왕의 왕 예수그리스도

2018년 3월 1일 초판 1쇄 발행

지은이 ESF 교재편찬위원회
만든이 정사철
내지 디자인 서다운
표지 디자인 장윤주

(사)기독대학인회 출판부 (ESP)
서울특별시 강북구 덕릉로 77 1층
Tel. 02) 989-3476~7 | Fax. 02) 989-3385 | E-mail. esfpress@hanmail.net
등록 제 12-316호

만왕의 왕 예수그리스도

마태복음

CONTENTS

Matthew

마태복음을 공부하기 전에

아무리 시대가 흐르고 사람들이 바뀌어도 변할 수 없는 것은 성경공부입니다. 성경으로 돌아가자는 구호는 옛 종교개혁 시대에만 외치는 소리가 아닙니다. 오늘날 최첨단 과학문명 시대를 살아가는 우리들에게도 들려져야 할 외침입니다. 이 시대는 점점 보는 것에 만족하고 생각하기를 싫어하는 양상을 보이고 있습니다. 특히 성경공부를 하는 것보다도 감성적인 것에 치우친 경향을 보이고 있는 것이 현실입니다. 우리가 성경을 깊이 묵상하는 시간을 갖지 못하고 감성적인 것을 좇아가면 구체적인 삶의 변화를 바랄 수 없게 됩니다.

이런 시대의 흐름 속에서도 ESF 소그룹 성경공부는 성경공부의 좋은 전통을 지키고 있습니다. 지난 30여 년 동안 수많은 청년 대학생, 지성인들이 성경공부의 매력을 경험하였고, 예수 그리스도의 복음을 영접하고 구원 얻는 역사가 있었습니다. 대학 강의실에서, 동아리방에서, 교회에서, 작은 자취방에서 성경공부하는 모습은 민족의 미래를 밝혀주는 횃불이었습니다.

ESF 소그룹 성경공부는 다섯 가지 특징이 있습니다.

첫째, 아주 즐겁고 재미있는 성경공부입니다. 소그룹에서 성경을 한 권 공부해보면, 성경이 이렇게 재미있는 책이었는지 재발견하게 될 것입니다.

둘째, 즐거운 대화식 성경공부입니다. 아무리 초보자라도 쉽게 참여하여 배울 수 있습니다.

셋째, 체계적인 성경공부입니다. 성경을 체계적이고, 종합적으로 이해하게 하는 성경공부입니다.

넷째, 믿음과 삶의 구체적인 적용을 배우는 성경공부입니다.

다섯째, 소그룹 리더를 길러주는 성경공부입니다. 소그룹에서 성경공부를 하면, 대부분 소그룹 성경공부의 리더가 될 수 있습니다.

Matthew

누가복음에 이어 마태복음을 발간하는 사복음서 문제집 합본시리즈는 24회에 한 과목을 마칠 수 있도록 발간되었습니다. 각 복음서의 특성을 고려하여 꼭 필요한 본문들을 중심으로 재미있는 성경공부를 할 수 있도록 편성되었습니다. 또한 영어 성경 ESV(English Standard Version)를 수록하여 성경 본문의 이해를 돕도록 하였습니다.

본 문제집 내용은 말씀의 자리, 삶의 자리, 말씀의 자리+Plus로 구성되어 있습니다.

말씀의 자리는 본문 살피기와 생각하기 문제로 구성되어 있습니다. 성경 본문을 깊이 있게 관찰하며 해석하는 자리입니다.

삶의 자리는 말씀의 자리를 토대로 우리의 삶에 구체적으로 적용하는 문제로 구성되어 있습니다. 본문에서 파악되고 느낀 말씀의 은혜와 원리들을 각자 삶의 자리에 적용시키는 자리입니다.

말씀의 자리+Plus는 본문 말씀의 중요한 핵심 내용이나 본문 배경 등을 요약하여 설명하는 자리입니다.

계속하여 한국교회와 청년 대학생들 가운데 소그룹 성경공부가 활발하게 일어나서 예수님을 만나고 복된 인생이 되길 기도합니다.

2018. 3. 1

기독대학인회(ESF)

ESP 성경공부 문제집 활용법

성경해석의 일반 원리를 알고 공부합시다

1) 성경해석은 성경으로 해야 합니다.

성경의 가장 정확한 해석은 성경 자체입니다. 구약과 신약을 서로 연결시켜 공부할 때 바르게 이해할 수 있습니다. 의미가 희미한 말씀은 밝은 말씀에 비추어 해석해야 합니다. 상징, 비유, 애매한 부분은 병행 구절의 밝은 부분에서 그 뜻을 찾아야 됩니다.

2) 전체를 바라보는 눈으로 종합적으로 해석해야 합니다.

전체를 바라보지 못하고 한 부분에만 집착할 때 오류를 범하게 됩니다. 그러므로 성경 핵심을 파악하고 전체적으로 바라보며 해석해야 됩니다. 성경 전체의 핵심은 하나님의 아들, 예수 그리스도를 통한 인류 구속입니다. 그러므로 성경에 나오는 사건들이 그리스도와 인류 구원에 어떻게 연결되는지 살펴보면서 해석해야 됩니다.

3) 그 당시 시대 배경을 이해해야 합니다.

성경은 그 당시 사람들에 의해 기록되었으므로 당대의 지리, 역사, 풍습, 생활습관, 주변 상황 등을 파악하고 해석해야 됩니다.

4) 언어의 법칙과 문맥의 흐름을 중요시해야 합니다.

성경은 사람의 언어로 기록되었으므로 어휘, 문법의 이해가 중요하고 반드시 문맥의 흐름 속에서 해석해야 합니다. 따라서 일차적으로는 문자적인 해석을 한 다음 영적인 뜻을 찾아야 합니다.

5) 저자의 의도를 파악해야 합니다.

하나님께서 성경 저자의 성격, 교육 정도, 개성 등을 유기적으로 쓰셔서 성경을 기록하도록 하셨으므로 저자가 어떤 의도로 무슨 주제를 전개하는지 살펴보고 특별한 관점과 강조점이 무엇인지 알아야 합니다.

6) 오늘날 나에게 어떻게 적용되는지 살피며 해석해야 합니다.

성경은 비록 과거에 쓰여졌지만 하나님께서는 그 기록된 말씀을 통하여 각 시대 모든 사람들에게 말씀하고 계시므로 성경에 기록된 메시지가 당대 독자들에게 어떻게 들려졌는지를 살피면서 지금 나에게 어떻게 적용되는지를 살펴야 됩니다. 지금 나에게 말씀하시는 그 음성을 성령님의 도우심으로 듣게 될 때 말할 수 없는 큰 은혜를 체험하게 됩니다.

소그룹 성경 공부의 원리를 알고 공부합시다

1) 성경공부 목적에 충실해야 합니다.

성경공부의 목적은 중생, 신앙성장, 영적 교제입니다. 그러므로 신학 쟁론에 빠진다든지 사소한 것으로 언쟁하느라 에너지를 소모하지 말고 성경의 깊은 뜻을 깨닫고 하나님의 음성을 듣는 일에 힘써야 됩니다. 그래서 하나님을 인격적으로 만나 중생하고 회개와 믿음의 결단이 이루어지며 서로 배우고 격려하는데 힘써야 됩니다.

2) 기도에 힘써야 합니다.

성경이 성령의 감동으로 기록되었으므로 성령님의 도우심이 있어야 성경의 진리를 깨달을 수 있습니다. 성령님의 감화가 있는 성경공부가 되도록 기도해야 합니다.

3) 즐거운 분위기를 이루어야 합니다.

혼자 공부할 때는 쉽게 지치지만 여럿이 즐겁게 공부하면 신바람이 납니다. 그러므로 그룹 구성원들이 서로 즐겁게 배우는 분위기를 이루기에 협력해야 합니다. 반드시 정성껏 사전 준비 공부를 하고 성경공부에 참여하는 것이 성공적인 그룹 성경공부가 됩니다. 서로 앞다투어 연구하고 배우는 모임을 이루면 처음에는 어리고 연약한 모임도 나중에는 성숙하고 강한 모임으로 성장합니다.

4) 개인의 독무대를 만들지 말고 다 함께 참여하는 모임이 되어야 합니다.

그룹 공부의 어려운 점은 몇몇 수다쟁이, 익살꾼 등이 시간을 독차지해 버리는 것입니다. 이것은 미숙한 태도입니다. 듣기도 하고 묻기도 하며 성숙하게 배워가야 하겠습니다.

5) 분위기를 깨지 말고 적극적으로 참여해야 합니다.

그룹 공부의 또 다른 어려운 점은 구경꾼, 실쭉이, 인상파가 찬바람을 일으키기 때문입니다. 성숙한 인도자는 적절한 유머, 성경 읽기 권유, 적당한 때 끌어들이기로 이 문제를 잘 해결하지만, 너무 소극적인 태도로 나오면 몹시 힘이 드는 것이 사실입니다. 듣기도 할뿐더러 묻기도 하면서 적극적으로 참여하는 성경공부가 되어야 합니다.

6) 성숙한 그룹 공부 참여자가 되어야 합니다.

성숙한 사람은 성경공부를 잘 준비해 오는 것은 물론 적극적으로 공부에 참여합니다. 진지한 탐구자의 자세, 예리한 분석과 종합, 실생활에 적절한 적용 등으로 성경공부 수준을 높여갑니다. 그룹 성경공부는 아름다운 영적 교제를 겸한 매우 좋은 성경 진리 탐구 방법입니다.

마태복음

저자

마태복음의 저자에 대해서는 다양한 학설이 있으나, 전통적으로 열두 제자 중 한 사람이었던 마태에 의해 기록되었다고 전해집니다. 초대 교회 역사가이면서 교부인 유세비우스가 인용한 파피아스의 글에 의하면 "마태가 예수의 말씀을 히브리말로 기록하였다."고 전해집니다. 또 유세비우스보다 1세기 이전 사람인 이레니우스는 "베드로와 바울이 로마에서 복음을 전파하며 교회의 기초를 세우고 있는 동안에 마태는 히브리인들 중에서 그들 자신들의 언어로 복음서를 발행했다."고 말했습니다. 그 외에도 클레멘트는 네 복음서 중 첫 번째의 것은 "한때 세리였다가 나중에 사도가 된 마태에 의해서 기록되었다."고 주장하였습니다.

시기와 장소

마태복음은 구약과 신약을 연결하는 교량적 계시를 담고 있는 책입니다. 유대인의 역사를 중점적으로 기록하던 구약은 마태복음에 와서 메시아 그리스도를 통해, 세계 만민을 주권적 통치 아래로 편입시키는 세계 열방의 하나님으로 부각시키고 있습니다. 마태복음은 신약의 첫 번째 책으로서 옛 계약의 당사자인 이스라엘의 소멸과 새 계약의 당사자인 새 이스라엘(교회)의 창조과정을 그리고 있습니다. 그래서 마태복음은 구약의 요약이면서도 또 새 이스라엘인 교회를 위한 표준적 복음서인 것입니다. 저자 자신이 유대인이었으나 그는 이미 구약적 의식, 선민사상 속에서 안주하는 낡은 이스라엘이 아니었습니다. 그는 유대인을 향하여 세계 만민의 하나님을 가르쳤습니다. 따라서 마태복음 안에는 선민이었던 이스라엘의 완악성이 상대적으로 드러나고 이방인들의 믿음과 계시에 대한 개방성과 메시아 통치에 대한 복종과 대망이 부각되고 있습니다. 마태복음은 유대인들의 관심이었던 "예수는 과연 구약에 약속된 다윗의 자손인가?"(1장의 족보는 예수의 다윗 혈통을 증명함) "구약 율법에 대한 예수의 태도는 어떠했는가?"(5:17 율법의 완성자 메시아 예수 부각시킴) "그는 과연 구약에 약속된 한 나라, 즉 하나님 나라를 세우기 위해 왔는가?" 등에 대해 집중적으로 응답하는 복음서입니다.

특히 마태복음은 초두부터 유대인들이 중시하는 다윗 혈통의 메시아 대망사상에 능동적으로 응답하기 위하여 예수의 긴 족보를 소개하고 있습니다. 결국 이 족보를 통해서 예수는 구약에 완성된 유대인의 왕이요, 구약에 예언된 메시아임을 선포하고 있습니다. 그래서 마태복음은 〈왕의 복음〉이라고 불리고 있습니다.

개요

1. 1:1~4:11 왕의 오심과 사역의 준비
2. 4:12~18:35 왕의 갈릴리 사역
   - 4:12~4:25 사역의 시작: 허다한 무리와 예수
   - 5:1~7:29 산상수훈: 제자와 예수
   - 8:1~9:34 9가지 이적들: 다시 허다한 무리와 예수
   - 9:35~12:50 제자의 선택과 파송, 제자도의 대가
   - 13:1~13:52 천국 비유
   - 13:53~16:12 천국의 사역과 인간의 두 가지 반응: 신앙과 불신앙
   - 16:13~18:35 제자들의 신앙고백과 수난 예고, 예루살렘 마지막 여행
3. 19:1~28:20 왕의 예루살렘 사역
   - 19:1~20:34 예루살렘으로 가는 여정의 사역들
   - 21:1~23:39 예루살렘 입성과 배척
   - 24:1~25:46 마지막 날들과 최후 심판에 대한 예언들
   - 26:1~27:10 예수의 수난과 제자들의 배반, 변절
   - 27:11~27:66 예수의 못 박히심
   - 28:1~28:26 예수의 부활: 제자 재 성형과 파송과 예수 승천

1과 그 이름을 예수라 하라

● 마태복음 1:18～2:18(21)

아들을 낳으리니 이름을 예수라 하라 이는 그가 자기 백성을 그들의 죄에서 구원할 자이심이라 하니라

시작하는 이야기

우리 세대가 누리는 가장 큰 축복은 아마도 자유일 것입니다. 이 자유란, 우리에게 내 마음대로 할 수 있는 권리가 주어지는 것입니다. 하지만 실제 우리 생활은 일정한 기준에 따른 선택에 기초하고 있습니다. 만일 우리가 나의 충동대로 산다면, 우리는 걷잡을 수 없는 혼란과 고통에 빠지고 말 것입니다. 우리는 어떤 이가 자유를 사용하는 것을 보면 그의 내면과 인격이 어떠한 지를 엿볼 수 있습니다. 이것을 다른 말로 표현하면, '나에게는 나를 지배하는 왕이 계신다' 라고 말할 수 있습니다.

오늘 본문에는 두 왕이 소개되고 있습니다. 한 왕은 자기의 권력을 과시하고 있고, 또 다른 왕은 하나님이 세우신 왕이십니다. 본문에 나타난 새로운 왕의 역할에 대해서 아직 언급되고 있지 않지만 그 왕의 역할에 대한 이해와 지식을 가진 사람들은 그를 왕으로 모시기 위해서 자신의 목숨을 거는 고난의 삶도 기꺼이 받아들이고 있습니다.

나에게는 어떤 왕이 계십니까? 오늘 공부를 통해서 밤하늘의 별빛처럼 우리에게 다가오시는 하나님이 세우신 참된 왕을 모실 수 있기를 바랍니다.

말씀의 자리

1. 마리아는 예수님을 어떻게 잉태했습니까(18, 눅 1:27~38)? 마리아의 잉태는 당시 약혼한 사이였던 마리아와 요셉에게 어떤 심각한 갈등의 문제를 초래했습니까(18~19)? 예수님의 탄생은 하나님께서 약속하신 언약의 성취입니다. 이 위대한 역사에 참여하기 위해서 마리아에게 어떤 믿음과 각오가 필요했겠습니까?

*약혼(18): 유대인은 결혼 전 대략 1년 정도 약혼 기간을 가지며, 이 기간은 이미 결혼 한 관계로 인정받았다. 이 기간 중에 남편이 죽으면 약혼한 여인은 과부가 되고, 만일 이 기간에 여인이 간음으로 인해서 임신하게 되면 죽음을 형벌로 받을 수도 있었다(신22:23~24).

*요셉의 의로움(19): 요셉은 율법을 따르는 하나님의 사람으로서 부정한 여인과 결혼할 수 없었다. 마리아를 사랑했지만 그것 때문에 하나님의 계명을 거역할 수는 없었다. 그는 고민 끝에 조용히 마리아에게 파혼 증서를 주어서 그녀를 임신케 한 사람과 결혼할 수 있도록 돕고자 했다. 그는 이 문제를 밝혀서 마리아를 죽게 만드는 일은 피하고자 했다. 하나님과 사랑 앞에서 고민하는 요셉의 아름다운 성품이 엿보인다.

2. 요셉에게 마리아의 임신은 어떤 말로도 설득될 수 없는 문제였습니다. 이 문제로 괴로워하는 요셉을 하나님은 어떻게 설득하시며, 요셉은 이것을 어떻게 받아들입니까(20~25)? 이러한 요셉을 통해서 우리가 배울 점은 무엇입니까?

ESV

18 Now the birth of Jesus Christ
took place in this way. When
his mother Mary had been
betrothed to Joseph, before
they came together she was
found to be with child from the
Holy Spirit. 19 And her husband
Joseph, being a just man and
unwilling to put her to shame,
resolved to divorce her quietly.
20 But as he considered these
things, behold, an angel of
the Lord appeared to him in a
dream, saying, "Joseph, son of
David, do not fear to take Mary
as your wife, for that which is
conceived in her is from the
Holy Spirit. 21 She will bear
a son, and you shall call his
name Jesus, for he will save
his people from their sins." 22
All this took place to fulfill what
the Lord had spoken by the
prophet: 23 "Behold, the virgin
shall conceive and bear a son,
and they shall call his name
elmmanuel" (which means,
God fwith us). 24 When Joseph
woke from sleep, he did as the
angel of the Lord commanded
him: he took his wife, 25 but
knew her not until she had
given birth to a son. And he
called his name Jesus.

3. 마리아에게서 태어날 아들, 예수라는 이름의 의미는 무엇이며(21, 23), 그 의미가 예수님을 믿는 우리에게 어떻게 적용됩니까? 생물학적으로 도저히 이해할 수 없는 예수의 탄생에는 어떤 놀라운 비밀이 담겨져 있습니까(22~23)?

*이사야의 예언(22~23): 이사야서 7:14절 인용.

4. 예수님의 탄생에 초청된 동방박사들은 자신들을 인도한 별에 대해서 어떤 확신을 가지고 있습니까(2, 민 24:17)? 한 밤 중에 별을 따라온 이들의 여정을 생각해 볼 때, 나의 인생의 왕은 누구이며 그 분을 향한 어떤 열심과 수고가 필요합니까?

*동방 박사(2:1): 예루살렘을 중심으로 볼 때, 동쪽에는 페르시아, 바벨론, 아라비아 같은 나라들이 있었다. 학자들은 바벨론일 가능성이 높다고 말한다. 이 나라들은 이스라엘을 정복한 나라로서 이스라엘에 대한 많은 정보를 가지고 있었다. 박사는 점성가로서 그 시대에 수준 높은 학자로 인정을 받았다. 이들은 종교적으로 가장 뛰어난 유대교에 대해 많은 연구 자료와 정보를 가졌던 것으로 추측된다.
*그의 별(2:2): 하나님께서는 발람이라는 사람을 통해 야곱에게서 나오는 '한 별'에 대해 말씀하셨다(민 24:17). 이 별은 세상에 오실 메시아의 별, 곧 예수님에 대한 예언이었다.

ESV

1 Now after Jesus was born in
Bethlehem of Judea in the days
of Herod the king, behold, wise
men from the east came to
Jerusalem, 2 saying, "Where is
he who has been born king of
the Jews? For we saw his star
when it rose and have come to
worship him." 3 When Herod
the king heard this, he was
troubled, and all Jerusalem
with him; 4 and assembling all
the chief priests and scribes
of the people, he inquired of
them where the Christ was to
be born. 5 They told him, "In
Bethlehem of Judea, for so it is
written by the prophet: 6 "'And
you, O Bethlehem, in the land
of Judah, are by no means
least among the rulers of
Judah; for from you shall come
a ruler who will shepherd my
people Israel.'" 7 Then Herod
summoned the wise men
secretly and ascertained from
them what time the star had
appeared. 8 And he sent them
to Bethlehem, saying, "Go and
search diligently for the child,
and when you have found him,
bring me word, that I too may
come and worship him." 9 After
listening to the king, they went
on their way. And behold, the
star that they had seen when
it rose went before them until
it came to rest over the place
where the child was.

5. 아기 예수님의 탄생 소식에 대해서 헤롯이 민감한 반응을 보이는 이유는 무엇이며(3~8), 결국 그는 아기 예수님을 죽이기 위해서 어떤 끔찍한 일을 벌입니까(16~18)? 오늘날 예수님을 나의 왕으로 모시는 것을 거부하게 하는 헤롯과 같은 세력들은 무엇입니까?

6. 동방박사들은 당연히 유대인의 왕이 이스라엘의 수도 예루살렘에서 태어날 것이라고 기대했지만 별이 멈춰선 곳은 베들레헴이었습니다. 이들은 자신들의 기대와는 다른 것이었음에도 불구하고 아기 예수를 어떻게 대합니까(11)? 기대와 눈에 보이는 현실은 크게 달랐지만 이들이 낙심치 않고 큰 기쁨을 가질 수 있었던 이유는 무엇입니까?

*황금과 유향과 몰약(11): 황금은 예나 지금이나 가장 값비싼 보물이고, 유향은 아라비아 지방의 관목 나무에서 나는 흰색 액체로서 값비싼 향료였다. 몰약은 아라비아 지방에서 나는 흰색의 액체로서 마취제와 향료로 쓰였다. 이 모두가 그 시대의 값비싼 보물이었다. 이 보물은 바로 요셉의 가정이 헤롯의 칼을 피하여 애굽으로 피신할 때(14) 요긴하게 사용되었을 것으로 추측된다.

*베들레헴(2:5): 메시아의 탄생지는 7세기 전, 미가 선지자를 통해 베들레헴으로 예언되어 있었다(미 5:2).

ESV

10 When they saw the star,
they rejoiced exceedingly with
great joy. 11 And going into the
house, they saw the child with
Mary his mother, and they
fell down and worshiped him.
Then, opening their treasures,
they offered him gifts, gold and
frankincense and myrrh. 12
And being warned in a dream
not to return to Herod, they
departed to their own country
by another way. 13 Now when
they had departed, behold, an
angel of the Lord appeared to
Joseph in a dream and said,
"Rise, take the child and his
mother, and flee to Egypt, and
remain there until I tell you, for
Herod is about to search for the
child, to destroy him." 14 And he
rose and took the child and his
mother by night and departed
to Egypt 15 and remained there
until the death of Herod. This
was to fulfill what the Lord had
spoken by the prophet, "Out of
Egypt I called my son." 16 Then
Herod, when he saw that he
had been tricked by the wise
men, became furious, and he
sent and killed all the male
children in Bethlehem and in all
that region who were two years
old or under, according to the
time that he had ascertained
from the wise men. 17 Then was
fulfilled what was spoken by the
prophet Jeremiah: 18 "A voice
was heard in Ramah, weeping
and loud lamentation, Rachel
weeping for her children;
she refused to be comforted,
because they are no more."

삶의 자리

1. 오늘 공부를 통해서 하나님께서 나에게 주신 은혜는 무엇입니까? 예수님은 어떤 분이십니까?

2. 현재의 삶에서 하나님께서 나에게 가장 원하시는 것은 무엇일까요?

함께 기도합시다

말씀의 자리 +Plus

예수님은 왜 처녀인 마리아에게서 태어나셨는가?

예수님의 동정녀 탄생은 지금까지도 기독교에 대한 시빗거리가 되고 있습니다. 하나님이 이것을 모르시지 않았을 텐데 왜 이러한 곤란한 방법을 선택하셨을까요?

예언의 성취입니다. 하나님의 예언은 단순히 미래에 일어날 일에 대한 선언만이 아닙니다. 그 본질에는 하나님의 구원약속이 들어있습니다. 이 구원의 약속의 핵심은 온 인류를 죄와 죽음으로부터 구원하실 구원자 예수 그리스도에 대한 것입니다. 이 구원자는 특별한 분이기에 보통 사람과 구별되는 증거가 필요했습니다. 그래서 그의 탄생에 대해 선지자 이사야는 특별한 예언을 했고, 이것이 처녀 마리아를 통해서 성취된 것입니다.

예수님은 사람의 몸을 빌었지만 하나님으로부터 오신 분이라는 것입니다. 우리가 알다시피 예수님은 성령 하나님을 통해서 잉태되었습니다. 어느 누구도 인간의 운명인 죄와 죽음의 문제를 극복할 수는 없습니다. 오직 하나님의 영원한 생명만이 모든 인간의 죄를 품고 죄의 삯인 죽음을 극복할 수 있습니다. 따라서 우리를 구원하기 위해서 오시는 분은 그저 위대한 사람이기만 하여서는 안 됩니다. 우리의 구원자는 오직 하나님으로부터 오셔야 하고 또한 그는 하나님이셔야만 합니다.

예수님은 인간을 진정으로 구원하기 위해서 인간이 되셨습니다. 하나님은 죄의 지배를 받는 인간의 고통을 온 몸으로 이해하고 또 그 고통의 삶 가운데 어떻게 사는 것이 하나님이 원하는 삶인지를 보여 주시기 위해서 친히 인간이 되셨습니다(빌 2:6~7). 이 분이 바로 예수님입니다. 예수님은 인간으로 사셨기에 우리의 현실의 고통을 깊이 있게 이해하십니다. 그는 우리에게 영원한 생명과 천국을 주실 뿐만 아니라, 고통과 방황이 가득한 현실의 삶으로부터 우리를 구원하여 주십니다.

2과

말씀으로 시험을 이기신 예수님

• 마태복음 4:1~11(4)

예수께서 대답하여 이르시되 기록되었으되 사람이 떡으로만 살 것이 아니요 하나님의 입으로부터 나오는 모든 말씀으로 살 것이라 하였느니라 하시니

시작하는 이야기

우리는 예수님을 믿을 때, 우리의 형편이 좋아질 것이라고 기대합니다. 그러나 이러한 기대와는 달리 현실에는 예수님을 따르기에는 너무나 힘든 어려움들과 고민들이 있음을 발견하게 됩니다. 이런 문제들은 예수님을 믿기 때문에 생긴 것이 아닙니다. 그것은 우리가 예수님 안에서 그전에 보지 못했던 것들의 실체를 볼 수 있는 영적인 눈을 가지게 됨으로 인한 것입니다. 세상의 유혹과 위협이라는 것은 하나님을 대적하는 것이며 우리로 하여금 하나님과의 관계를 끊게 하는데 목적이 있습니다. 하지만 인생의 끝의 자리에서 보면 다 헛되고 거짓된 것들입니다. 그럼에도 불구하고 아직 성숙하지 못한 우리에게 이것은 큰 실체와 힘으로써 우리를 위협하기도 하고 유혹하기도 하는 것입니다. 우리로 하여금 예수님을 믿지 못하도록 훼방하는 악한 유혹은 무엇이며, 우리는 이것들을 어떻게 이길 수 있습니까?

본문은 예수님이 공생애를 시작하기 전 40여일을 금식기도를 하시며 준비하시는 모습으로 시작됩니다. 이때 마귀는 인간의 한계에 부딪힌 예수님을 세 가지로 유혹합니다. 예수님을 유혹한 이것들이 오늘날 우리에게는 어떠한 의미가 있는지를 생각해 봅시다. 그리고 예수님이 이것들을 어떻게 제압하시는지를 보면서 우리도 주안에서 유혹과 세상을 이기는 승리의 길을 배워야 하겠습니다(요 16:33).

말씀의 자리

1. 예수님은 언제 어디에서 시험을 받으셨습니까(1,2)? 이 상황을 이끄는 두 존재는 각각 누구이며, 이들은 예수님께 어떤 영향을 미쳤을 것 같습니까?

2. 40일 금식하고 계신 예수님께 대한 첫 번째 시험은 무엇이며, 이 시험의 치명적 위험은 무엇입니까(3)? 예수님은 이 시험을 어떻게 이기셨습니까(4, 신 8:3)?

ESV

1 Then Jesus was led up by the
Spirit into the wilderness to
be tempted by the devil. 2 And
after fasting forty days and forty
nights, he was hungry. 3 And
the tempter came and said
to him, "If you are the Son of
God, command these stones
to become loaves of bread." 4
But he answered, "It is written,
"'Man shall not live by bread
alone, but by every word that
comes from the mouth of
God.'"

3. 마귀의 떡 유혹은 오늘날 우리에게 어떤 문제로 다가오고 있습니까? 하나님의 자녀들은 이 유혹에 대해서 어떤 자세와 방법으로 싸워야 하겠습니까?

4. 마귀의 두 번째 유혹은 무엇이며(시 91:11~12), 이 시험의 치명적 위험은 무엇입니까(5~7)? 예수님은 이 시험을 어떻게 이기셨습니까(7, 신 6:16)?

ESV

5 Then the devil took him to
the holy city and set him on the
pinnacle of the temple 6 and
said to him, "If you are the Son
of God, throw yourself down, for
it is written, "'He will command
his angels concerning you,' and
"'On their hands they will bear
you up, lest you strike your foot
against a stone.'" 7 Jesus said
to him, "Again it is written, 'You
shall not put the Lord your God
to the test.'"

5. 두 번째 유혹은 오늘날 우리에게 어떤 문제로 다가오고 있습니까? 하나님의 자녀들은 이 유혹에 대해서 어떤 자세와 방법으로 싸워야 하겠습니까?

6. 마귀의 세 번째 유혹은 무엇이며, 이 시험의 치명적 위험은 무엇입니까(8~9)? 예수님은 이 시험을 어떻게 이기셨습니까(10, 신 6:13)?

7. 세 번째 유혹은 오늘날 우리에게 어떤 문제로 다가오고 있습니까? 하나님의 자녀들은 이 유혹에 대해서 어떤 자세와 방법으로 싸워야 하겠습니까?

ESV

8 Again, the devil took him to a
very high mountain and showed
him all the kingdoms of the world
and their glory. 9 And he said to
him, "All these I will give you, if
you will fall down and worship
me." 10 Then Jesus said to him, "Be
gone, Satan! For it is written, "'You
shall worship the Lord your God
and him only shall you serve.'"
11 Then the devil left him, and
behold, angels came and were
ministering to him.

삶의 자리

1. 오늘 공부에 나타난 예수님은 어떤 분이십니까?

2. 영적 투쟁이란, 하나님의 인도하심을 따를 것인지 아니면 마귀의 유혹을 따를 것인지에 대한 고민의 문제입니다. 이런 문제 앞에서 당신의 선택은 어떤 것입니까? 어떤 상황에서도 마귀의 유혹에 굴복해서는 절대 안 되는 이유가 무엇입니까? 우리는 마귀의 유혹에 대해서 어떻게 싸워야 하겠습니까?

함께 기도합시다

말씀의 자리 +Plus

마귀를 이기는 하나님의 말씀

예수님은 마귀의 유혹에 대해서 오직 하나님의 말씀, 구체적으로 신명기 말씀을 인용해서 물리치셨습니다. 왜 예수님은 마귀에 대해서 하나님의 말씀으로만 싸우셨을까요? 하나님의 말씀, 즉 성경은 하나님의 감동으로 기록된 것으로서 구원에 이르는 진리와 하나님 앞에서 바른 삶의 원리를 우리에게 가르쳐 줍니다(딤후 3:16). 여기에 그치지 않고 하나님의 말씀은 우리를 위협하는 사단과 세상의 세력을 물리치는 하나님의 검이 됩니다. 이에 대해 히브리서 저자는 "하나님의 말씀은 살아 있고 활력이 있어 좌우에 날선 어떤 검보다도 예리하여 혼과 영과 및 관절과 골수를 찔러 쪼개기까지 하며 또 마음의 생각과 뜻을 판단하나니"라고 말씀하고 있습니다(히 4:12). 하나님의 말씀은 그야말로 천하제일의 검입니다. 이 말씀 앞에서 감히 대적할 원수가 없고, 무너지지 않는 세상의 세력도 없습니다.

하나님은 우리에게 이 놀라운 천하제일 검을 주셨습니다. 그럼에도 불구하고 우리가 자주 영적 침체와 시험에 빠지는 이유는 무엇입니까? 시험 앞에서 우리가 하나님의 뜻을 몰라서 넘어지는 경우는 없습니다. 그것은 내가 차고 있는 이 말씀의 검을 불신하기 때문입니다. 아니면 이 검을 빼면 자기가 다칠까봐 애써 외면하기 때문입니다. 사단은 우리가 하나님의 검을 가지고 있는 것을 보고 피하지 않습니다. 사단이 두려워하는 것은 우리가 믿음으로 이 칼을 뽑아서 자기에게 대적하는 것입니다. 시험의 날에 승리할 수 있는 방법은 말씀을 깊이 묵상하면서 소감을 쓰는 것이며, 더 나아가서 그 말씀에 자신의 생각과 욕망을 쳐서 복종시키는 것입니다. 말씀으로 무장하고 싸우고자 할 때 사단은 한 길로 왔다가 천 길로 도망합니다. 말씀이야말로 사단을 가장 확실하게 제압할 수 있는 승리의 비결입니다.

3과

복된 인생

- 마태복음 5:1~16(3)

심령이 가난한 자는 복이 있나니 천국이 그들의 것임이요

시작하는 이야기

예수님께서는 자신에게 찾아온 많은 백성들에게 '하나님이 주시는 행복'이라는 주제로 수양회를 개최하십니다. 이 당시의 백성들은 로마제국과 헤롯왕의 폭력적인 지배 아래에서 헐벗고 굶주려 고통 받고 있었습니다. 이 백성들은 예수님께 자신들의 고통을 덜어줄 수 있는 실제적인 도움과 기적을 기대했었을지도 모릅니다. 그러나 예수님께서는 백성들의 기대와 달리 하나님의 말씀을 전하십니다.

당장 배고픈 백성들에게 예수님은 왜 이렇게 긴 설교를 하셨을까요? 백성들에게는 현실적인 도움만이 필요했을지 몰라도 예수님이 보시기에 그러한 것들은 일시적인 만족만을 제공한다는 것을 아셨기 때문입니다. 이 백성들에게 정말 필요한 것은 잠시 만족을 주다가 사라지는 것이 아니라 하나님의 통치를 받아 영원한 만족과 행복을 누리는 것입니다. 이를 위해서 예수님께서는 백성들에게 하나님의 말씀을 통해서 우리의 고통의 삶 속에 숨겨진 하나님 나라의 행복을 찾게 하십니다. 우리의 삶이 힘들다고 하여서 우리에게 행복이 없는 것이 아닙니다. 오늘 예수님의 말씀이 우리의 영적인 눈을 뜨게 하여 우리에게 넘치게 주어진 행복을 발견할 수 있길 바랍니다.

말씀의 자리

1. 심령이 가난한 자나 애통하는 자는 자신의 죄인 됨을 깊이 인식하고 이것을 실제적으로 슬퍼하는 자입니다. 왜 이런 자들이 천국을 소유하게 되고, 또 하나님의 위로를 받게 될까요?

*심령이 가난한 자(3): 하나님 앞에서 내세울 것이 전혀 없는 무너진 마음을 가진 자.
*애통하는 자(4): 자신의 무너진 마음을 보고 슬퍼하는 마음을 가진 자.

2. 하나님이 우리에게 주시는 복이 왜 현재의 형편과 고통을 뛰어넘을 수 있는 행복이 될 수 있습니까(3~4)?

ESV

1 Seeing the crowds, he went
up on the mountain, and when
he sat down, his disciples came
to him. 2 And he opened his
mouth and taught them, saying:
3 "Blessed are the poor in spirit,
for theirs is the kingdom of
heaven. 4 "Blessed are those
who mourn, for they shall be
comforted.

3. 하나님 앞에서 온유한 자와 긍휼이 여기는 사람은 어떤 사람이며, 이 사람들이 받는 복은 무엇입니까(5,7)? 고통이 가득한 세상에서 우리가 할 일은 무엇일까요?

4. '마음이 청결하다는 것'은 무엇이며 '하나님을 본다'는 것은 무엇입니까(8)? '당신은 하나님의 자녀답습니다'라는 말을 언제 들어 보았습니까? 어떤 일을 통해서 이런 칭찬을 들을 수 있습니까(9)?

ESV

5 "Blessed are the meek, for
they shall inherit the earth. 6
"Blessed are those who hunger
and thirst for righteousness, for
they shall be satisfied. Matthew
7 "Blessed are the merciful,
for they shall receive mercy.
8 "Blessed are the pure in
heart, for they shall see God. 9
"Blessed are the peacemakers,
for they shall be called sons of
God.

5. '의에 주리고 목마른 자' 는 어떤 사람이며, 이를 위해서 핍박을 받을 때 하나님께서는 그에게 어떤 복을 주십니까(6,10)? 또 그 복이 나에게 어떤 행복이 됩니까(6, 10~12)?

6. 예수님은 하나님의 자녀를 '세상의 소금과 빛' 이라고 말씀하십니다. 예수님께서는 불신자와의 관계에서 하나님 자녀의 자세와 영향력을 어떻게 말씀하셨습니까(13~16)?

ESV

10 "Blessed are those who are
persecuted for righteousness'
sake, for theirs is the kingdom
of heaven. 11 "Blessed are you
when others revile you and
persecute you and utter all
kinds of evil against you falsely
on my account. 12 Rejoice
and be glad, for your reward
is great in heaven, for so they
persecuted the prophets who
were before you. 13 "You are
the salt of the earth, but if salt
has lost its taste, how shall its
saltiness be restored? It is no
longer good for anything except
to be thrown out and trampled
under people's feet. 14 "You
are the light of the world. A city
set on a hill cannot be hidden.
15 Nor do people light a lamp
and put it under a basket, but
on a stand, and it gives light to
all in the house. 16 In the same
way, let your light shine before
others, so that they may see
your good works and give glory
to your Father who is in heaven.

삶의 자리

1. 오늘 말씀을 통해서 살펴볼 때, 당신이 원하는 천국과 하나님이 주시는 천국은 어떻게 다릅니까?

2. 내 안에 천국이 임하기 위해서 주 안에서 내가 힘써 추구해야 할 것이 무엇입니까?

함께 기도합시다

말씀의 자리 +Plus

역설(Paradox)

예수님은 '가난한 자와 애통하는 자'가 복이 있다고 말씀하십니다. 팔복이 우리에게 복되게 보이지 않는 이유는 이 복들이 이 세상에서는 불행과 슬픔의 대명사이기 때문입니다. 예수님은 종종 우리가 일반적으로 알고 있는 당연한 사실과 정반대로 말씀하셨습니다. 마가복음 8장 35절에서는 '누구든지 자기 목숨을 구원하고자 하면 잃을 것이요 누구든지 나와 복음을 위하여 자기 목숨을 잃으면 구원하리라'고 말씀하셨습니다.

왜 예수님은 정반대의 논리를 펴셨을까요? 이것을 보고 역설(paradox)라고 합니다. 이것은 예수님의 말씀, 천국의 논리가 원래부터 이 세상의 논리와 완전히 다르기 때문이 아닙니다. 하나님은 세상을 창조하실 때, '심히 기뻐하셨다'고 하셨습니다. 그러나 인간이 하나님을 거부하기로 작정하면서 죄가 들어오자 세상은 타락하기 시작했습니다. 세상의 논리라는 것은 결국 타락한 인간 중심의 논리입니다. 그것은 이기적이고 자기만족적인 것입니다. 하나님을 경외하거나 이웃에 대한 사랑과 배려가 없습니다. 예수님은 이러한 세상에 하나님의 나라를 드러내신 것입니다. 세상이 악하고 비뚤어져 있기 때문에 예수님의 말씀은 이상하게 들리고 반대로 보일 수 있습니다. 그러나 사실은 예수님의 말씀이 잘못된 것이 아니라 세상이 잘못된 것입니다. 오히려 예수님의 말씀은 세상을 처음의 모습으로 회복시키는 말씀이며 구원에 이르게 하는 생명의 말씀입니다.

4과

먼저 그의 나라와 의를 구하라

- 마태복음 6:19~34(33)

그런즉 너희는 먼저 그의 나라와 그의 의를 구하라 그리하면 이 모든 것을 너희에게 더하시리라

시작하는 이야기

하루를 시작하기 전, 오늘 내가 가장 먼저 해야 할 일을 아는 사람은 그날 하루를 성공적으로 보낼 가능성이 높습니다. 인생의 목표가 분명하고 이것을 성취하기 위해서 그 일에 우선권을 가지고 도전하는 사람이 있다면, 그는 만족할 수 있는 인생을 살 것입니다. 이러한 점에서 인생의 목표와 우선권이 세워진 사람은 다른 사람보다 힘들게 사는 것 같더라도 매일 매일 전진하는 사람이기에 행복한 사람이라고 말할 수 있습니다.

삶의 과정은 분명 우리에게 가치 있는 삶과 하나님이 기뻐하는 삶의 기회를 제공합니다. 그러나 인생의 목표가 분명치 않은 사람은 그런 선한 기회가 부담스럽고 귀찮게 느껴집니다. 이들은 남들이 살아가는 방식을 좇아가는 것에서 안도감과 만족을 찾습니다. 하지만 이렇게 산다면, 하나님의 자녀와 세상의 자녀는 어떤 점에서 다른 것입니까? 하나님의 자녀는 세상의 자녀와 삶은 비슷할지라도 추구하는 목표가 다르고 매일 선택하는 기준이 달라야 합니다. 작아 보일지 모르는 이러한 차이는 시간이 갈수록 그 개인과 그가 세상에 끼치는 영향력에 있어 완전한 차이를 가져옵니다. 당신이 하나님의 자녀라면, 당신에게 가장 필요한 것은 하나님 앞에서 선한 목표를 세우는 것이며 이를 위해서 하루하루 우선권을 세우고 그 목표를 향해 전진하여 성취하는 것입니다. 이 작은 차이가 당신의 인생을 하나님과 세상 앞에서 위대한 인생이 되게 할 것입니다.

말씀의 자리

1. 예수님께서는 보물을 어디에 쌓아 두는 것을 경계하라고 말씀하시며, 그 이유는 무엇입니까(19)? 그렇다면 안전하고 지혜롭게 보물을 쌓는 방법을 무엇이라 말씀하십니까(20,21)?

2. 눈은 온몸에 얼마나 큰 영향을 미칩니까(22,23)? 요즘 당신이 집중하고 있는 것은 무엇입니까?

ESV

19 "Do not lay up for yourselves
treasures on earth, where moth
and rust destroy and where
thieves break in and steal, 20 but
lay up for yourselves treasures in
heaven, where neither moth nor
rust destroys and where thieves
do not break in and steal. 21 For
where your treasure is, there your
heart will be also. 22 "The eye is
the lamp of the body. So, if your
eye is healthy, your whole body
will be full of light, 23 but if your
eye is bad, your whole body will
be full of darkness. If then the
light in you is darkness, how great
is the darkness!

3. 예수님께서 말씀하신 '두 주인'은 무엇을 말합니까(24)? 당신은 어느 쪽을 더 사랑하고 중요하게 여기고 있습니까?

4. 하나님께서 공중의 새를 어떻게 먹이시며, 들에 핀 백합화와 아궁이에 던져지는 들풀을 어떻게 입히십니까? 이러한 사실을 볼 때, 하나님의 자녀는 왜 염려할 필요가 없습니까(26~30)? 하나님의 자녀가 세상의 사람과 어떤 점에서 분명하게 달라야 합니까(31~32)?

ESV

24 "No one can serve two masters, for either he will hate the one and love the other, or he will be devoted to the one and despise the other. You cannot serve God and money.
25 "Therefore I tell you, do not be anxious about your life, what you will eat or what you will drink, nor about your body, what you will put on. Is not life more than food, and the body more than clothing?

5. 예수님께서는 우리가 '우선적으로' 추구하고 살아야 할 가치가 무엇이라고 가르쳐주십니까(33)? 하나님 나라의 백성은 내일의 염려에 대해 어떻게 해야 합니까(34)?

ESV

26 Look at the birds of the air:
they neither sow nor reap nor
gather into barns, and yet your
heavenly Father feeds them.
Are you not of more value than
they? 27 And which of you by
being anxious can add a single
hour to his span of life? 28 And
why are you anxious about
clothing? Consider the lilies of
the field, how they grow: they
neither toil nor spin, 29 yet I tell
you, even Solomon in all his
glory was not arrayed like one
of these. 30 But if God so clothes
the grass of the field, which
today is alive and tomorrow is
thrown into the oven, will he
not much more clothe you, O
you of little faith? 31 Therefore
do not be anxious, saying,
'What shall we eat?' or 'What
shall we drink?' or 'What shall
we wear?' 32 For the Gentiles
seek after all these things, and
your heavenly Father knows
that you need them all. 33 But
seek first the kingdom of God
and his righteousness, and all
these things will be added to
you. 34 "Therefore do not be
anxious about tomorrow, for
tomorrow will be anxious for
itself. Sufficient for the day is its
own trouble.

삶의 자리

1. 당신의 인생에 있어서 당신의 보물과 예수님이 가르쳐주신 보물은 어떻게 다릅니까? 지금 당신의 삶에서 하늘에 보물을 쌓는 지혜로운 저축은 어떤 것들이 있는지 나눠 봅시다.

2. 어려운 형편 속에서 하나님의 뜻과 내 욕심이 충돌할 때 우리는 어떤 마음과 자세로 무엇을 선택해야 하겠습니까?

함께 기도합시다

말씀의 자리 +Plus

왜 염려해서는 안 되는가?

'염려' 라는 말은 헬라어로 '메리조나(분열되다, 나뉘다)' 입니다. 즉 염려는 어떤 일에 대한 지나친 근심과 걱정으로 인해서 마음이 여러 갈래로 분열되는 상태를 말합니다. 문제는 이 염려가 눈앞에 있는 문제에 집착토록 하여 자신의 인생의 참된 목적을 상실케 한다는 것입니다. 예수님은 마가복음 4장 19절에서 세상의 염려를 '가시떨기' 로 표현하고 있습니다. 이 염려는 가시떨기처럼 우리의 신앙을 갈기갈기 찢어서 괴롭게 만듭니다. 또 땅속에서는 그 뿌리가 강력하여서 곡식의 양분을 다 빼앗아 버립니다. 결국 가시덤불로 인해서 알곡은 땅 속에서 말라 죽고, 땅위에서는 비참하게 찢기는 고통을 받다가 죽고 맙니다. 염려는 마음의 분열로 그치지 않습니다. 이것의 궁극적인 목표는 예수님을 향한 우리의 신앙, 믿음으로 살고자 하는 거룩한 의지를 죽이는데 있습니다.

오늘 본문에서 예수님은 염려함으로 우리가 할 수 있는 일이 아무 것도 없음을 말하고 있습니다. 염려는 아직 일어나지도 않은 일을 상상 속에서 크게 확대하여 스스로 방황하고 괴롭게 만드는 것입니다. 이것은 하나님보다는 현실에 매이게 합니다. 염려하는 사람의 신앙은 시간이 갈수록 파리하게 말라갑니다. 이러한 면에서 염려는 우리에게 백해무익합니다. 하나님의 자녀들은 어려운 일은 하나님께 맡기고 오직 믿음으로 살며 말씀에 순종하며 살겠다는 분명한 각오를 가져야 할 것입니다. 염려할 수밖에 없는 상황은 우리를 괴롭게 만듭니다.

5과

천국 백성의 인간관계

● 마태복음 7:1~12(12)

그러므로 무엇이든지 남에게 대접을 받고자 하는 대로 너희도 남을 대접하라 이것이 율법이요 선지자니라

시작하는 이야기

인생이란, 결코 나 혼자서 살아가는 것이 아닙니다. 만남을 통해서 이어지는 것입니다. 어릴 때는 부모를 만나고 그 후에는 친구를 만나고 배우자를 만나고 그리고 직장 동료를 만납니다. 이런 만남의 연속 속에서 우리는 삶의 의미와 가치를 찾습니다. 이런 점에서 인간관계는 우리 삶의 중심에 있는 중요한 문제입니다.

오늘날은 인간관계가 점차 무시되어가고 있습니다. 젊은 사람들은 부담스런 인간관계보다는 간편한 컴퓨터에 몰입하고 있습니다. 오늘날 만연한 자기중심적인 인간관계는 얼마 가지 않아서 그 관계를 파괴시키면서 방황하는 인생이 되게 합니다. 인간관계의 실패는 곧 자신의 인생의 실패입니다. 우리가 성공하는 인생을 살고자 한다면, 나와 관계를 맺고 있는 사람과 좋을 뿐만 아니라 발전적인 관계를 맺어야 합니다. 이 관계는 결코 다른 사람에게 '좋은 사람이 되라' 고 요구함으로 되는 것이 아닙니다. 오직 내 자신이 좋은 사람으로 다른 사람에게 다가갈 때, 그 사람도 나에게 좋은 친구로 다가오게 됩니다. 좋은 인생을 살고 싶습니까? 그렇다면 내 주변의 사람과 좋은 관계를 맺으십시오. 이 중요한 일을 어떻게 할 수 있습니까? 오늘 예수님의 말씀을 통해서 배워 봅시다.

말씀의 자리

1. 우리는 흔히 '뒷담화'를 해서는 안 된다고 하는데, 이것이 왜 나쁩니까? 예수님은 왜 비판을 해서는 안 된다고 말씀하십니까(1~2)?

2. 비판하는 사람이 범하는 오류는 무엇입니까? 하나님 앞에서 나 자신에 대한 이해는 다른 사람의 허물에 대해서 어떤 자세를 가지게 합니까(3~5)?

ESV

1 “Judge not, that you be not
judged. 2 For with the judgment
you pronounce you will be
judged, and with the measure
you use it will be measured to
you. 3 Why do you see the speck
that is in your brother's eye, but
do not notice the log that is in
your own eye? 4 Or how can you
say to your brother, 'Let me take
the speck out of your eye,' when
there is the log in your own eye?
5 You hypocrite, first take the log
out of your own eye, and then
you will see clearly to take the
speck out of your brother's eye.

3. '거룩한 것' 과 '진주' 는 무엇을 가리키며, 그것을 어떻게 다루어야 한다고 말합니까(6)? '개와 돼지' 는 어떤 사람을 가리킵니까?

*6절: 개는 물어뜯는 동물이며, 돼지는 탐욕을 상징하는 동물로서, 하나님의 복음을 대적하는 무리를 말한다. 그 시대의 경우, 예수님을 죽이기 위해서 항상 예수님을 시험하는 종교지도자들을 말한다. 오늘날 하나님의 자녀들을 훔쳐가기 위해서 틈만 나면 시비를 거는 이단자들과 같은 사람들이다.

4. 우리의 기도의 자세는 어떠해야 합니까? 특히 사람에 대한 분별력과 귀한 사람은 어떻게 얻을 수 있습니까(7~8)?

*7~8절: 열정적인 기도의 자세에 관한 말씀입니다. 본문의 흐름으로 볼 때, 귀한 사람을 어떻게 얻을 수 있는지를 말하고 있습니다.

ESV

6 "Do not give dogs what is holy,
and do not throw your pearls
before pigs, lest they trample
them underfoot and turn to
attack you. 7 "Ask, and it will be
given to you; seek, and you will
find; knock, and it will be opened
to you. 8 For everyone who asks
receives, and the one who seeks
finds, and to the one who knocks
it will be opened.

5. 기도하는 자에게 하나님은 어떻게 응답하시는 분이십니까(9~11)? 요즘 나의 첫 번째 기도 제목은 무엇인지 서로 나눠봅시다.

6. 이웃과 좋은 관계를 맺으려면 어떻게 해야 합니까(12)? '이것이 율법이요 선지자니라' 는 말씀의 뜻이 무엇입니까(12)?

ESV

9 Or which one of you, if his son
asks him for bread, will give him
a stone? 10 Or if he asks for a fish,
will give him a serpent? 11 If you
then, who are evil, know how to give good gifts to your children, how much more will your Father who is in heaven give good things to those who ask him!
12 "So whatever you wish that others would do to you, do also to them, for this is the Law and the Prophets.

삶의 자리

1. 최근 인간관계에서의 실패담과 성공담을 나누면서 진실하고 감동적인 인간관계를 가지기 위해서 어떻게 해야 할지 정리해 봅시다.

2. 그리스도인의 인간관계에서 기도의 유익함은 무엇입니까?

3. 그리스도인의 인간관계에서 황금률은 무엇입니까?

함께 기도합시다

말씀의 자리 +Plus

하나님의 사람은 먼저 대접하는 사람입니다

우리가 남을 비판할 때는 그 사람이 잘못할 때도 있지만 그 사람이 마땅히 나에게 돌려야할 칭찬과 감사가 보이지 않아서 비판할 때도 있습니다. 이러한 원망이 쌓이면서 서로의 관계가 멀어집니다. 이처럼 별 것도 아닌 것에 쉽게 상처를 받는 우리에게 예수님은 "무엇이든지 남에게 대접을 받고자 하는 대로 너희도 남을 대접하라(12)"고 말씀하십니다. 남이 나를 알아주지 못한 것을 섭섭하게 여기기보다 내가 먼저 남을 알아주지 못한 것을 슬퍼해야 합니다. 헌금과 봉사만이 하나님께 드려지는 예물이 아닙니다. 연약한 사람을 위해 주의 사랑으로 후하게 대하기 위해 나의 정성과 물질을 쓰는 것도 하나님께 드려지는 예물입니다.

오늘날 세상은 모두가 자신의 이익을 위해 경쟁하고 또 그 이익을 선택하는 풍조가 만연합니다. 남의 어려움과 필요를 생각하는 사람을 찾기가 어렵습니다. 하나님의 자녀의 세상과 맞서는 삶이란, 물질보다 사람을 더 중요하게 여기며 다른 사람을 주의 이름으로 사랑하고 섬기는 삶입니다. 바로 여기에 그리스도의 향기가 나타나고 복음의 능력이 나타납니다. 왜 예수님을 믿어도 인생이 불행하다 여길까요? 그 이유는 다른 사람에게 사랑을 베풀지 않기 때문입니다. 나의 형편이 나를 불행하게 만드는 것이 아니라 내가 먼저 남을 사랑하고자 하는 풍요로움이 없기 때문입니다. 남을 먼저 사랑하고 섬기는 곳에 하나님이 주시는 인생의 행복이 있습니다.

6과

좁은 문을 선택하는 삶

● 마태복음 7:13~29(13)

좁은 문으로 들어가라 멸망으로 인도하는 문은 크고 그 길이 넓어 그리로 들어가는 자가 많고

시작하는 이야기

민주주의는 어떤 문제에 대해 다수의 뜻에 따라서 결정하는 것이 특징입니다. 하지만 때로는 다수의 사람들조차 눈에 보이는 그럴듯한 상황에 미혹되고 또 현란한 말에 속아서 잘못된 선택을 합니다. 많은 사람들의 선택이 항상 옳은 것은 아닙니다.

우리 생활에서 일으키는 작은 실수들은 다음 기회에 만회할 수 있지만 인생 전체의 방향에 대한 잘못된 선택은 돌이키기 힘듭니다. 인생에서 가장 두려운 것은 어느 날 자신의 인생을 돌이켜 보았을 때, '아! 내가 헛살았구나.' 라는 후회가 드는 것입니다. 한 번 밖에 없는 나의 인생, 무조건 남을 흉내 내는 인생이 되어서는 안 됩니다. 깊이 생각해 보고 올바른 길을 선택해야 하지 않겠습니까? 내 삶의 최선의 길을 찾는 것이야말로 한 번 밖에 없는 인생을 책임지는 진지한 태도입니다. 그렇다면 나의 인생에 대한 올바른 길을 어떻게 찾을 수 있습니까?

말씀의 자리

1. 사람들은 힘든 인생을 피하기 위해서 수많은 노력을 기울입니다. 그러나 예수님은 오히려 "좁은 문으로 들어가라"고 말씀하십니다. 예수님이 이러한 권면을 하시는 이유가 무엇입니까(13~14)? 좁은 문이란 무엇을 말합니까?

2. 참된 것과 거짓된 것은 무엇으로 구별할 수 있습니까(15~20)? 힘들지만 우리가 예수님의 말씀을 선택하고 따라야 할 이유는 무엇입니까?

*거짓 선지자(15): 하나님의 종으로 자처하지만 하나님의 말씀이 아닌 사람을 즐겁게 하는 거짓된 교훈을 전하는 사람. 이 사람들은 하나님의 이름을 빙자해서 자기 자신의 명예와 재물을 취하려고 한다.

ESV

13 "Enter by the narrow gate. For
the gate is wide and the way is
easy that leads to destruction,
and those who enter by it are
many. 14 For the gate is narrow
and the way is hard that leads to
life, and those who find it are few.
15 "Beware of false prophets, who
come to you in sheep's clothing
but inwardly are ravenous wolves.
16 You will recognize them by
their fruits. Are grapes gathered
from thornbushes, or figs from
thistles? 17 So, every healthy tree
bears good fruit, but the diseased
tree bears bad fruit. 18 A healthy
tree cannot bear bad fruit, nor
can a diseased tree bear good
fruit. 19 Every tree that does not
bear good fruit is cut down and
thrown into the fire. 20 Thus you
will recognize them by their fruits.

3. 어떤 사람이 하나님께 버림받습니까(21~23)? 예수님의 말씀이 어떤 면에서 심각한 긴장을 불러일으킵니까? 예수님께서 말씀하시는 불법은 내가 생각했던 불법과 어떻게 다른 것 같습니까?

4. 어떤 인생이 지혜로운 인생이며, 그의 지혜가 언제 나타납니까(24~25)? 반석 위에 집을 지은 인생이란 어떤 것입니까?

ESV

21 "Not everyone who says to me,
'Lord, Lord,' will enter the kingdom
of heaven, but the one who does
the will of my Father who is in
heaven. 22 On that day many will
say to me, 'Lord, Lord, did we not
prophesy in your name, and cast
out demons in your name, and
do many mighty works in your
name?' 23 And then will I declare
to them, 'I never knew you;
depart from me, you workers of
lawlessness.' 24 "Everyone then
who hears these words of mine
and does them will be like a wise
man who built his house on the
rock. 25 And the rain fell, and the
floods came, and the winds blew
and beat on that house, but it
did not fall, because it had been
founded on the rock.

5. 어떤 인생이 어리석은 인생이며, 그의 어리석음이 언제 드러납니까(26~27)? 인생에서 "창수가 나고 바람이 분다"는 것은 무엇을 말합니까?

ESV

26 And everyone who hears
these words of mine and does
not do them will be like a foolish
man who built his house on the
sand. 27 And the rain fell, and the
floods came, and the winds blew
and beat against that house,
and it fell, and great was the fall
of it." 28 And when Jesus finished
these sayings, the crowds were
astonished at his teaching, 29 for
he was teaching them as one
who had authority, and not as
their scribes.

삶의 자리

1. 당신의 삶의 열매를 살펴볼 때 당신은 어떤 나무인 것 같습니까? 행함이 없이 믿음만을 강조할 때 우리의 삶은 어떻게 잘못될 수 있습니까?

2. 하나님의 말씀을 준행하는 삶에는 세상의 유혹과 위협 앞에서 '죽으면 죽으리라(에 4:16)' 하는 결연한 의지와 용기가 필요합니다. 당신이 주의 말씀을 따르기 위해 하나님 앞에서 죽이기로 결단해야 할 죄 문제는 무엇입니까?

함께 기도합시다

말씀의 자리 +Plus

예수님이 말씀하시는 '불법' 이란 무엇일까요?

일반적으로 불법이란 도덕적, 윤리적으로 용납할 수 없는 행위라고 생각할 수 있습니다. 또 신앙적으로 본다면 신앙에 열심을 내지 않거나 위선적인 신앙이라고 말할 수 있습니다. 그러나 예수님은 본문에서 도덕적, 윤리적인 탈선이나 위선적인 신앙에 대해서 언급하지 않습니다. 오히려 주의 이름으로 많은 일을 한 사람들을 향해서 "내가 너희를 도무지 알지 못하나니 불법을 행하는 자들아 내게서 떠나가라" 고 엄히 명하십니다. 이들의 불법은 도대체 무엇일까요?

본문에서 예수님이 강력하게 요구하시는 것은, 천국에 들어가기 위해서는 하나님의 뜻대로 행하는 삶이 있어야한다는 것입니다(21). 하나님의 말씀은 영적인 지식과 나의 신앙적 만족을 쌓기 위해서만 사용되어서는 안 된다는 것입니다. 말씀은 우리의 삶을 변화시키고 또 삶을 이끌어가는 하나님의 은혜와 능력이 되어야 합니다. 말씀을 통해서 변화된 삶은 하나님을 더욱 사랑할 뿐만 아니라, 내 이웃을 사랑하는 삶으로 나아가야 합니다. 예수님의 기도대로 세상에 하나님의 뜻이 임하는 역사가 일어나야 합니다(마 6:10). 나의 선행으로 어두운 세상에 빛이 비취고 고통당하는 자에게 하나님의 자녀들의 사랑과 위로가 나타나야 합니다. 세상에 유익이 되지 못하는 신앙은 예수님이 인정하지 않는 신앙입니다. 이러한 면에서 볼 때 예수님이 말씀하시는 하나님의 뜻은 '신앙이란, 내가 속한 이 세상에서 내 삶의 모습이 하나님의 사랑과 공의로 나타나는 것' 입니다.

7과

예수님을 따르는 사람들

- 마태복음 8:1~22(22)

예수께서 이르시되 죽은 자들이 그들의 죽은 자들을 장사하게 하고 너는 나를 따르라 하시니라

시작하는 이야기

어떻게 생각하세요? 과연 인생은 아름답습니까? 우리가 살아가는 세상은 아름다운가요? 쉽게 동의하기 어렵습니다. 세상을 한 눈에 보여주는 신문의 사회면을 펼쳐보았습니까? 우리의 세상은 해결하기 어려운 고통으로 가득 차 있습니다. 불굴의 의지로 극복하고 싶어도 내 힘으로 어쩔 수 없는 상황들이 너무나도 많습니다. 아마도 이 세상에 뿌려진 눈물의 총량을 합하면 강을 이루고 바다를 이루지 않을까요?

그래서 사람들은 누군가 자기의 삶을 건져내 주기를 바랍니다. 선거 때마다 한 가닥 희망을 걸어보지만 그들은 우리를 구해줄 메시야가 되지 못한다는 것을 금방 알게 됩니다.

여기 어쩔 수 없는 절망의 꼭짓점에 위태롭게 서 있는 세 명의 환자들이 있습니다. 당시에 최고의 저주로 취급받았던 나병에 걸린 환자, 남의 종으로 살아야 했던 최하 계층의 천민, 남자에 비해 사회적 관심과 배려를 받지 못했던 한 여자. 이들이 가진 병은 이들의 삶을 더 힘겹게 만들었습니다.

문제 많은 세상에서 문제 많은 삶을 살아가야 했던 사람들! 그런데 예수님이 이들의 삶속으로 들어오십니다. 절망의 바다에 빠져서 허우적거리는 모든 사람들에겐 예수님의 손이 필요합니다. 다양한 형편에서 다양한 동기로 예수님을 따르려고 나아온 사람들, 그들에게 어떤 삶의 변화가 있었으며, 또한 어떤 대가가 필요할까요?

말씀의 자리

1. 누가 예수님께 나아왔으며(2), 그 사람이 처한 환경이 어떠했겠습니까? 예수님께 나아올 때 어떤 장벽이 있었을까요?

2. 나병환자는 자신의 험한 상처에 직접 손을 대고 말씀하시며 고쳐주시는 예수님을 통해 무엇을 느꼈을까요? 혹시 당신의 인생에도 나병과 같이 썩고 내어놓기 힘든 아픔이 있습니까? 예수님께 나아간 나병환자의 삶이 어떻게 바뀌었습니까(3~4)?

*정결절차(4): 레위기 14장에 제시된 대로 나병이 나았음을 공식적으로 인정받는 절차.

ESV

1 When he came down from
the mountain, great crowds
followed him. 2 And behold, a
leper came to him and knelt
before him, saying, "Lord, if you
will, you can make me clean." 3
And Jesus stretched out his hand
and touched him, saying, "I will;
be clean." And immediately his
leprosy was cleansed. 4 And Jesus
said to him, "See that you say
nothing to anyone, but go, show
yourself to the priest and offer the
gift that Moses commanded, for
a proof to them."

3. 누가 무슨 이유로 예수님께 나아왔으며(5~6), 그가 예수님께 나아올 때 어떤 민족적 사회적 장벽이 있었을까요?

*백부장: 약 100명 내외의 병사를 지휘하는 하급지휘관

4. 그는 예수님 앞에서 어떤 놀라운 고백을 합니까(8~9)? 백부장의 종에 대한 사랑과 예수님에 대한 믿음이 어떠합니까? 자기 직업에서 믿음의 원리를 발견한 그의 고백에 대해 예수님의 반응은 어떠합니까(10~13)? 당신에게는 상황을 뛰어넘는 믿음의 원리를 적용한 경험이 있습니까?

ESV

5 When he had entered
Capernaum, a centurion came
forward to him, appealing to
him, 6 "Lord, my servant is lying
paralyzed at home, suffering
terribly." 7 And he said to him, "I
will come and heal him." 8 But
the centurion replied, "Lord,
I am not worthy to have you
come under my roof, but only
say the word, and my servant
will be healed. 9 For I too am
a man under authority, with
soldiers under me. And I say to
one, 'Go,' and he goes, and to
another, 'Come,' and he comes,
and to my servant, 'Do this,'
and he does it." 10 When Jesus
heard this, he marveled and
said to those who followed him,
"Truly, I tell you, with no one in
Israel have I found such faith.
11 I tell you, many will come
from east and west and recline
at table with Abraham, Isaac,
and Jacob in the kingdom of
heaven, 12 while the sons of
the kingdom will be thrown
into the outer darkness. In that
place there will be weeping and
gnashing of teeth." 13 And to the
centurion Jesus said, "Go; let
it be done for you as you have
believed." And the servant was
healed at that very moment.

5. 예수님은 누구를 만났으며, 예수님을 만난 이들에게 어떤 변화가 일어났습니까(14~16)? 선지자 이사야를 통해서 예언된 예수님은 어떤 분이십니까(17)?

6. 누가 무슨 이유로 예수님께 나아왔으며(19,21), 예수님은 이들에게 각각 어떤 말씀을 하십니까(20,22)? 예수님의 화려한 기적만을 보고 잘못된 동기로 예수님께 인생을 걸어보려는 사람들이 있었습니다. 예수님은 어떤 분이시며, 예수님을 따르려면 어떤 대가와 각오가 필요합니까?

ESV

14 And when Jesus entered
Peter's house, he saw his mother-
in-law lying sick with a fever. 15 He
touched her hand, and the fever
left her, and she rose and began
to serve him. 16 That evening
they brought to him many who
were oppressed by demons,
and he cast out the spirits with
a word and healed all who were
sick. 17 This was to fulfill what was
spoken by the prophet Isaiah:
"He took our illnesses and bore
our diseases." 18 Now when Jesus
saw a crowd around him, he
gave orders to go over to the
other side. 19 And a scribe came
up and said to him, "Teacher, I
will follow you wherever you go."
20 And Jesus said to him, "Foxes
have holes, and birds of the air
have nests, but the Son of Man
has nowhere to lay his head."
21 Another of the disciples said
to him, "Lord, let me first go and
bury my father." 22 And Jesus said
to him, "Follow me, and leave the
dead to bury their own dead."

삶의 자리

1. 예수님을 만난 당신에게 어떤 변화가 일어났습니까? 혹은 어떤 변화를 기대하십니까?

2. 예수님을 따르기 위해 당신이 치른 대가는 무엇입니까? 구체적으로 나눠봅시다.

함께 기도합시다

말씀의 자리 +Plus

죽은 자들이 그들의 죽은 자들을 장사하게 하고 너는 나를 따르라

당시 예수님은 무리들이 따르고 싶은 마음이 들 정도로 충분한 매력이 있었습니다. 수많은 병자들을 고치는 그 놀라운 능력을 볼 때, 예수님이야말로 인생을 걸만한 분이라는 생각이 들었을 것입니다. 그러나 예수님은 자신을 따르는 사람들에게 화려한 영광보다는 오히려 따름의 대가를 말씀하십니다. 먼저 가서 내 아버지를 장사하게 허락해 달라는 제자에게 죽은 자들은 죽은 자들이 장사하게 하고 '너는 나를 따르라' 고 하십니다. 따름의 대가로는 너무 혹독한 것이 아닐까요?

이 상황에 대해 많은 설명들이 있었습니다. 아버지가 돌아가셨기 때문에 당장 가서 장사를 치러야 하는 것인지, 아니면 아버지가 살아계시기 때문에 상당기간 아버지를 모시다가 나중에 아버지가 돌아가시면 그 때 따르겠다는 것인지 정확히 알기 힘듭니다. 그러나 우리는 이 말씀을 통해 예수님을 따른다는 것은 외적인 기쁨과 영광의 이면에 나의 가장 소중한 것까지도 기꺼이 내어놓는 결단이 필요하다는 것을 알게 됩니다. 예수님을 따르는 것은 그만한 가치가 있습니다.

우리에게는 계산적인 머리보다는 헌신적인 발이 필요합니다. 예수님을 따르기 위해 대가를 치르는 사람은 그 대가와는 비교할 수 없는 새로운 인생의 지평이 열리는 것을 보게 될 것입니다. 한 번 밖에 없는 인생을 가장 가치 있게 사용하는 방법, 그것은 예수님께 나아와 예수님을 따르는 것입니다.

8과 죄인을 부르러 오신 예수님

● 마태복음 9:1~17(13)

너희는 가서 내가 긍휼을 원하고 제사를 원하지 아니하노라 하신 뜻이 무엇인지 배우라 나는 의인을 부르러 온 것이 아니요 죄인을 부르러 왔노라 하시니라

시작하는 이야기

'그냥 이대로 살 수는 없다. 새로워지고 싶다. 변화하고 싶다.' 모든 사람들이 이런 생각을 한번쯤 품습니다. 그러나 이런 바람과는 달리 우리의 환경은 우리를 놓아주지 않습니다. 침대에 누워서 자기 힘으로는 조금도 움직일 수 없었던 중풍병자, 세관에 앉아서 사람들의 지탄을 받으면서도 자기 힘으로는 그 곳을 박차고 일어날 수 없었던 마태, 변화의 동력을 잃어버린 채 주저앉아 살아가고 있던 이들에게 예수님이 오셨습니다. 그리고 새로운 삶이 시작되었습니다.

마비, 중독, 절망. 현대인들은 이런 창살 없는 감옥에 갇혀서 헤어나지 못하고 있습니다. 우리를 무겁게 짓누르는 죄의 부산물로부터 벗어나서 새로운 삶을 만들어 갈 계기, 그것은 죄 사함의 권세가 있을 뿐만 아니라 직접 죄인을 부르러 오신 분을 만날 때 시작됩니다.

말씀의 자리

1. 중풍 병에 걸린 사람의 형편이 어떠합니까(2)? 그를 예수님께 데려나온 사람들의 도움의 한계는 어디까지입니까? 예수님을 바라보는 사회지도층(서기관)의 태도는 어떠합니까(3)?

2. 예수님께서는 무엇을 보시고 어떻게 고쳐주십니까(2~6)? 침상에 누워 꼼짝할 수도 없었던 중풍병자의 삶이 바뀔 수 있었던 계기는 무엇이었습니까?

ESV

1 And getting into a boat he
crossed over and came to
his own city. 2 And behold,
some people brought to him
a paralytic, lying on a bed.
And when Jesus saw their
faith, he said to the paralytic,
"Take heart, my son; your sins
are forgiven." 3 And behold,
some of the scribes said to
themselves, "This man is
blaspheming." 4 But Jesus,
knowing their thoughts, said,
"Why do you think evil in your
hearts? 5 For which is easier,
to say, 'Your sins are forgiven,'
or to say, 'Rise and walk'? 6 But
that you may know that the Son
of Man has authority on earth
to forgive sins"—he then said
to the paralytic—"Rise, pick up
your bed and go home."

3. 세관에 앉아 있는 마태의 형편이 어떠합니까(9)? 그를 향한 사람들의 태도는 어떠합니까(11)?

*세리: 로마 통치하에 세금을 징수하던 사람들. 이들은 죄인으로 취급받았다.

4. 예수님께서는 세관에 앉아 있는 마태를 어떻게 대하십니까(9~10)? 당시 의인으로 여겨지던 바리새인들의 문제제기에 대해 예수님은 어떤 사실을 선포하십니까(12~13)? 오늘날 어떤 점에서 우리의 삶이 세관에 앉은 마태와 비슷하며, 왜 예수님만이 우리의 삶의 희망이 될 수 있을까요?

ESV

7 And he rose and went home.
8 When the crowds saw it, they
were afraid, and they glorified
God, who had given such
authority to men. 9 As Jesus
passed on from there, he saw a
man called Matthew sitting at
the tax booth, and he said to him,
"Follow me." And he rose and
followed him. 10 And as Jesus
reclined at table in the house,
behold, many tax collectors and
sinners came and were reclining
with Jesus and his disciples. 11
And when the Pharisees saw this,
they said to his disciples, "Why
does your teacher eat with tax
collectors and sinners?" 12 But
when he heard it, he said, "Those
who are well have no need of a
physician, but those who are sick.
13 Go and learn what this means: 'I
desire mercy, and not sacrifice.' For
I came not to call the righteous,
but sinners."

5. 요한의 제자들이 어떤 문제를 제기하며, 이에 대해 예수님께서 말씀하신 세 가지 비유는 무엇입니까(14~17)? 낡은 것과 새 것은 각각 무엇을 말하는 것일까요?

*요한: 예수님의 제자 요한이 아니라 세례 요한을 지칭한다.

ESV

14 Then the disciples of John
came to him, saying, "Why do
we and the Pharisees fast, but
your disciples do not fast?" 15
And Jesus said to them, "Can the
wedding guests mourn as long
as the bridegroom is with them?
The days will come when the
bridegroom is taken away from
them, and then they will fast. 16
No one puts a piece of unshrunk
cloth on an old garment, for
the patch tears away from the
garment, and a worse tear is
made. 17 Neither is new wine put
into old wineskins. If it is, the skins
burst and the wine is spilled and
the skins are destroyed. But new
wine is put into fresh wineskins,
and so both are preserved."

삶의 자리

1. 중풍병자, 마태의 경우와 비교해 볼 때, 혹시 당신의 삶 속에도 스스로 바꿀 수 없는 마비되고 경직된 생활방식이 있습니까? 어떻게 해야 할까요?

2. 요한의 제자들의 경우와 비교해 볼 때, 혹시 당신의 생각 속에도 좀처럼 깨어지지 않는 옛 사고방식이 있습니까? 어떻게 해야 할까요?

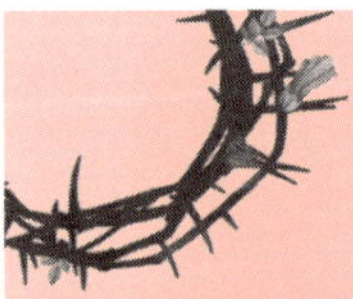

함께 기도합시다

말씀의 자리 +Plus

마비 : [의학] 신경이나 근육이 형태의 변화 없이 기능을 잃어버리는 상태

겉으로 볼 때는 멀쩡하지만, 실제로는 제 기능을 감당하지 못하는 상태를 마비라고 합니다. 중풍병자는 자기 혼자서는 움직일 수가 없었습니다. 육체적 마비환자였습니다. 마태는 사람들의 따가운 시선을 받으면서도 자기 스스로 세리의 삶을 청산할 힘이 없어 그 날도 세관에 앉아있었습니다. 사회적 마비환자였습니다. 세례요한의 제자들은 율법적인 옛 사고방식으로부터 벗어나지 못했습니다. 의식적 마비환자였습니다.

사람들은 모두 마비환자입니다. 특히 죄에 대해 마비된 환자입니다. 겉으로는 멀쩡한데, 속은 제 기능을 하지 못합니다. 예수님을 만난 사람들은 얽히고 맺히고 마비된 부분들이 풀어졌습니다. 왜냐하면 예수님만이 제대로 된 처방을 내릴 수 있는 유일한 의사이기 때문입니다(12절).

마비된 부분은 풀어주어야 합니다. 그래야 제 기능이 회복됩니다. 그러나 마비환자는 스스로 자신의 몸을 회복시키지 못합니다. 예수님을 만날 때 죽어있던 내 삶의 마비영역이 풀어집니다. 역동적 활기가 회복됩니다. 예수님은 우리 인생의 전문의이십니다.

9과

제자의 삶

● 마태복음 10:1~23(16)

보라 내가 너희를 보냄이 양을 이리 가운데로 보냄과 같도다 그러므로 너희는 뱀 같이 지혜롭고 비둘기 같이 순결하라

시작하는 이야기

선택, 선발, 선출. 어떤 목적을 위해 특별히 부름 받는 것은 큰 기쁨이요 영광입니다. 더군다나 그 부르신 분이 하나님이라면 그야말로 가문의 영광이 아닐 수 없습니다.

사실 하나님께는 자신의 취향에 맞게 세상을 일시에 바꿔버릴 수 있는 능력이 있습니다. 그러나 창세기 1장의 천지창조를 제외하면 하나님께서는 항상 사람을 부르시고 사람을 통해 일하셨습니다. 성경은 그 부름 받은 사람들의 연결 역사입니다. 이 땅에 오신 예수님 역시 열 두 제자를 부르셨습니다. 그들을 훈련시켰고 그들에게 모든 사명을 맡기시고 승천하셨습니다.

이 시대에도 하나님께서는 소수의 사람들을 부르셔서 다수의 사람들을 향한 사명을 맡기십니다. 지금 이 자리에 함께 있는 당신은 하나님으로부터 이미 부름 받은, 선택된 사람입니다. 오늘 공부는 제자로 선택된 사람들에게 주신 예수님의 말씀입니다. 그렇기 때문에 우리는 같이 부름 받은 동역자들과 함께 오늘 말씀을 주의 깊게 살펴볼 필요가 있습니다.

말씀의 자리

1. 예수님께서 열두 제자를 부르십니다(1). 그들의 이름을 살펴보고, 그 중 잘 아는 사람이 있다면 자세히 말해보세요(2~4). 제자들의 다양한 배경과 다양한 성격을 고려해 볼 때(마 4:18~22, 9:9; 눅 6:12~15), 당신은 예수님의 제자들 중 누구와 비슷하다고 생각됩니까?

2. 예수님께서 열두 제자를 보내십니다(5). 파송 받은 이들의 우선순위(5,6), 전파할 내용(7), 받은 권능(8), 행동 지침(9~15)은 무엇입니까? 왜 그런 지침이 필요했을까요?

ESV

1 And he called to him his
twelve disciples and gave them
authority over unclean spirits, to
cast them out, and to heal every
disease and every affliction. 2 The
names of the twelve apostles are
these: first, Simon, who is called
Peter, and Andrew his brother;
James the son of Zebedee,
and John his brother; 3 Philip
and Bartholomew; Thomas
and Matthew the tax collector;
James the son of Alphaeus, and
Thaddaeus; 4 Simon the Zealot,
and Judas Iscariot, who betrayed
him. 5 These twelve Jesus sent
out, instructing them, "Go
nowhere among the Gentiles and
enter no town of the Samaritans,
6 but go rather to the lost sheep
of the house of Israel. 7 And
proclaim as you go, saying, 'The
kingdom of heaven is at hand.'
8 Heal the sick, raise the dead,
cleanse lepers, cast out demons.
You received without paying; give
without pay.

3. 보냄 받은 제자들이 가야 할 곳은 어떤 곳입니까(16)? 제자들에게 필요한 두 가지를 말해보시오(16). 제자로 부름 받은 당신의 삶에는 이 두 가지가 균형을 이루고 있습니까?

4. 제자들은 권력자들에게 어떤 고난을 당하게 되며(17~18), 그 속에서도 어떤 도움을 받게 됩니까(19~20)? 이 시대에도 복음 때문에 고난을 당하며 사는 참 제자들을 본 적이 있습니까?

ESV

9 Acquire no gold or silver or
copper for your belts, 10 no bag
for your journey, or two tunics
or sandals or a staff, for the
laborer deserves his food. 11 And
whatever town or village you
enter, find out who is worthy in it
and stay there until you depart.
12 As you enter the house, greet
it. 13 And if the house is worthy,
let your peace come upon it, but
if it is not worthy, let your peace
return to you. 14 And if anyone
will not receive you or listen to
your words, shake off the dust
from your feet when you leave
that house or town. 15 Truly, I say
to you, it will be more bearable
on the day of judgment for the
land of Sodom and Gomorrah
than for that town. 16 "Behold, I
am sending you out as sheep in
the midst of wolves, so be wise as
serpents and innocent as doves.
17 Beware of men, for they will
deliver you over to courts and
flog you in their synagogues, 18
and you will be dragged before
governors and kings for my sake,
to bear witness before them and
the Gentiles. 19 When they deliver
you over, do not be anxious how
you are to speak or what you are
to say, for what you are to say will
be given to you in that hour. 20
For it is not you who speak, but
the Spirit of your Father speaking
through you.

5. 제자들은 가정과 사회에서 어떤 고난을 당하게 되며 (21~22), 그 속에서도 어떤 소망을 갖게 됩니까(22~23)? 당신은 복음 때문에 가정이나 사회에서 불편함을 감수하거나 고난을 당한 적이 있습니까?

ESV

21 Brother will deliver brother
over to death, and the father his
child, and children will rise against
parents and have them put to
death, 22 and you will be hated
by all for my name's sake. But the
one who endures to the end will
be saved. 23 When they persecute
you in one town, flee to the next,
for truly, I say to you, you will not
have gone through all the towns
of Israel before the Son of Man
comes.

삶의 자리

1. 예수님의 제자로 살아갈 때 당신의 인생에 어떤 고난이 예상됩니까? 그럼에도 불구하고 당신은 예수님의 제자로 살 각오가 되어 있습니까?

2. 예수님의 제자로서 당신이 지금 나아가야 할 곳은 어디입니까?

함께 기도합시다

말씀의 자리 +Plus

부르심과 보내심

부름과 보냄은 한 세트입니다. 부름이 있으면 보냄이 있습니다. 부름에는 목적이 있기 때문입니다. 예수님은 제자들을 부르셨습니다. 그리고 그들을 파송하셨습니다. 제자들은 이스라엘 땅을 두루 다니며 복음을 전하는 사명을 감당했습니다.

이 시대에 우리 역시 제자로 선택된 사람들입니다. 따라서 우리 역시 파송되어야 할 사람들입니다. 가정, 학과, 직장 등 파송될 장소는 각각 다르지만 우리는 모두 부름의 목적에 맞게 우리의 생활 현장으로 나아가야 할 사람들입니다.

이렇듯 제자의 삶은 부르심과 보내심이 균형을 이루어야 합니다. 부름 받은 사람은 보냄 받아야 합니다. 소명은 사명으로 연결되어야 합니다. 우리가 보냄 받은 현장에는 많은 고난이 우리를 기다리고 있습니다. 그럼에도 불구하고 그 곳으로 가는 이유는 우리가 보냄을 위해 부름 받은 사람들이기 때문입니다. 제자는 부름 받은 사람만을 말하는 것이 아니라 보냄 받을 사람을 말합니다. 이미 제자로 부름 받았다면 이제 제자로 보냄 받기를 바랍니다.

10과

나는 자비를 원하고 제사를 원하지 아니하노라

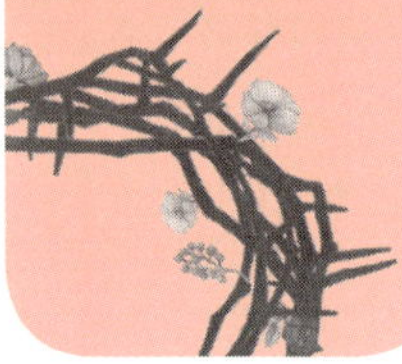

- 마태복음 12:1~21(7)

나는 자비를 원하고 제사를 원하지 아니하노라 하신 뜻을 너희가 알았더라면 무죄한 자를 정죄하지 아니하였으리라

시작하는 이야기

안식일에 바리새인들이 교묘한 방법으로 예수님을 공격합니다. 그들의 공격의 이면에는 율법준수에 대한 강한 의지가 들어있습니다. 철저히 율법을 지키는 것이 하나님을 섬기는 것인 줄 알았지만, 정작 그것은 자기 열심일 뿐 하나님의 마음과는 동떨어진 것이었습니다.

우리는 때로 내용 없는 형식, 타성에 젖은 습관적 행동으로 인해 하나님의 마음을 제대로 알지 못하고 살아가는 형식적 종교인으로 전락하기 쉽습니다. 하나님의 마음이 무엇인지 잊어버린 형식적 종교인은 사회의 비난과 조롱의 대상이 됩니다.

하나님이 진정으로 원하시는 것이 무엇인지 오늘 말씀을 통해 깊이 살펴볼 수 있기를 바랍니다.

말씀의 자리

1. 안식일에 바리새인들이 예수님께 어떤 문제를 제기합니까(1~2)? 이에 대해 예수님께서는 어떤 예를 말씀하십니까(3~5)?

2. 예수님께서는 결국 어떤 원리를 말씀해주십니까(6~8)? 바리새인들과 예수님의 생각이 어떤 점에서 대조됩니까(7)?

ESV

1 At that time Jesus went through
the grainfields on the Sabbath.
His disciples were hungry, and
they began to pluck heads of
grain and to eat. 2 But when the
Pharisees saw it, they said to him,
"Look, your disciples are doing
what is not lawful to do on the
Sabbath." 3 He said to them, "Have
you not read what David did
when he was hungry, and those
who were with him: 4 how he
entered the house of God and ate
the bread of the Presence, which
it was not lawful for him to eat nor
for those who were with him, but
only for the priests? 5 Or have you
not read in the Law how on the
Sabbath the priests in the temple
profane the Sabbath and are
guiltless? 6 I tell you, something
greater than the temple is here.
7 And if you had known what
this means, 'I desire mercy, and
not sacrifice,' you would not have
condemned the guiltless. 8 For
the Son of Man is lord of the
Sabbath."

3. 안식일에 회당에서 사람들이 누구를 이용하여 어떤 질문을 합니까(9~10)? 이것이 왜 곤란한 질문이 됩니까?

4. 이 문제 앞에서 한쪽 손 마른 사람을 바라보는 예수님의 마음은 어떠하며(11~12), 어떻게 행하십니까(13)? 바리새인들은 무슨 계획을 세웁니까(14)?

ESV

9 He went on from there and
entered their synagogue. 10 And
a man was there with a withered
hand. And they asked him, "Is it
lawful to heal on the Sabbath?"—
so that they might accuse him.
11 He said to them, "Which one
of you who has a sheep, if it falls
into a pit on the Sabbath, will not
take hold of it and lift it out? 12 Of
how much more value is a man
than a sheep! So it is lawful to do
good on the Sabbath." 13 Then he
said to the man, "Stretch out your
hand." And the man stretched it
out, and it was restored, healthy
like the other. 14 But the Pharisees
went out and conspired against
him, how to destroy him.

5. 사랑의 본질은 낭만이 아니라 헌신입니다. 자신의 목숨이 위태로워지면서까지 사랑을 베푸시는 예수님의 모습이 어떻게 예언되어 있습니까(18~21)? 당신은 그런 사랑을 베풀거나 혹은 받은 적이 있습니까?

*이사야 42:1~4 참조

ESV

15 Jesus, aware of this, withdrew
from there. And many followed
him, and he healed them all
16 and ordered them not to
make him known. 17 This was to
fulfill what was spoken by the
prophet Isaiah: 18 "Behold, my
servant whom I have chosen, my
beloved with whom my soul is
well pleased. I will put my Spirit
upon him, and he will proclaim
justice to the Gentiles. 19 He will
not quarrel or cry aloud, nor
will anyone hear his voice in the
streets; 20 a bruised reed he will
not break, and a smoldering
wick he will not quench, until he
brings justice to victory; 21 and in
his name the Gentiles will hope."

삶의 자리

1. 하나님을 잘 섬기려고 했던 바리새인들은 왜 정죄와 판단이라는 함정에 빠지게 되었을까요? 하나님께서 진실로 우리에게 바라시는 마음은 무엇일까요?

2. 당신은 하나님을 섬긴다는 형식에 얽매여 사람들에 대한 사랑의 마음을 놓쳐버린 적은 없습니까? 예수님의 말씀과 행동 중에서 특히 당신에게 인상 깊은 부분은 어디입니까?

함께 기도합시다

말씀의 자리 +Plus

예수님과 바리새인

'나는 자비를 원하고 제사를 원하지 아니하노라.' 이 말씀 속에 예수님과 바리새인의 엇갈린 모습이 담겨 있습니다. 바리새인들은 제사라는 형식을 추구한 반면, 예수님은 무죄한 사람들을 정죄하는 그들의 무자비함을 지적했습니다. 하나님을 만족시키기 위해 대단한 열심을 발휘했지만, 그것은 하나님의 의도가 아님을 알지 못했습니다.

바리새인은 '구별된 사람들'이라는 의미를 가지고 있습니다. 예수님 당시 약 6000명 정도로 추산되던 바리새인은 그 이름처럼 구별된 삶을 목표로 율법준수를 철저히 하고자 했습니다. 그래서 그들은 세리와 죄인들을 멀리했고 정죄했습니다. 방향은 좋았지만 방법이 잘못되었습니다. 형식을 추구하던 그들은 내용을 잃어버렸습니다. 결국 그들은 사랑 없는 무자비한 경건을 추구하게 되고, 이는 예수님의 가르침과 정면으로 충돌합니다.

바리새인이 사용한 방법은 구별이었기 때문에 그들은 죄인을 정죄하고 멀리했습니다. 그러나 이 땅에 오신 예수님의 방법은 자신이 죄인의 위치로 내려가 함께 하는 것이었습니다. 이것이 바로 하나님의 방법입니다. 자비를 포기하고 제사에만 집중하려는 내 안의 바리새주의는 예수님의 생명까지도 내어놓는 그 사랑 앞에서 다시 한 번 수정되어야 합니다.

11과

씨 뿌리는 비유

- 마태복음 13:1~23(16)

그러나 너희 눈은 봄으로, 너희 귀는 들음으로 복이 있도다

시작하는 이야기

현대는 그 어느 때보다도 더 하나님의 말씀을 쉽게 많이 자주 접할 수 있는 시대입니다. 어디서든 쉽게 성경을 살 수 있고, 성경을 쉽게 해설해 주는 책들도 넘쳐납니다. 그렇지만 이런 많은 정보에도 불구하고 사람들의 삶에는 오히려 말씀의 열매가 잘 나타나지 않습니다. 뭔가 문제가 있습니다. 문제에는 반드시 원인이 있습니다. 예수님께서는 이미 씨 뿌리는 비유를 통해 그 원인을 정확히 진단하셨습니다. 뿌려지는 씨앗에 문제가 있는 것이 아니라 받아들이는 밭에 문제가 있기 때문에 결실이 잘 이뤄지지 않는다는 것입니다.

신앙생활의 경력이 쌓이고 직분을 맡아도 여전히 삶에 열매가 없습니까? 달이 바뀌고 해가 바뀌어도 별로 변화가 없습니까? 그렇다면 오늘 말씀을 통해 우리의 모습을 깊이 살펴보고 새로운 변화의 계기를 만들 수 있기를 바랍니다.

말씀의 자리

1. 본문의 상황과 풍경을 설명해 보세요(1~3). 예수님이 하신 비유의 말씀을 당신의 말로 재연해보세요(3~9).

2. 네 가지 밭에 똑같이 씨앗이 떨어졌습니다. 그런데 결과는 각각 어떠합니까?

ESV

1 That same day Jesus went out
of the house and sat beside the
sea. 2 And great crowds gathered
about him, so that he got into
a boat and sat down. And the
whole crowd stood on the beach.
3 And he told them many things
in parables, saying: "A sower
went out to sow. 4 And as he
sowed, some seeds fell along the
path, and the birds came and
devoured them. 5 Other seeds
fell on rocky ground, where they
did not have much soil, and
immediately they sprang up,
since they had no depth of soil, 6
but when the sun rose they were
scorched. And since they had no
root, they withered away. 7 Other
seeds fell among thorns, and
the thorns grew up and choked
them. 8 Other seeds fell on good
soil and produced grain, some a
hundredfold, some sixty, some
thirty. 9 He who has ears, let him
hear."

3. 예수님께서는 그들에게 왜 비유로 말씀하셨습니까(10~13)? 이사야의 예언의 내용이 무엇입니까(14~15)?

*이사야 6:9, 10 참조

4. 눈과 귀는 무엇인가를 받아들이는 입력기관입니다. 아무리 많은 말씀의 씨앗이 뿌려져도 닫혀 있는 눈과 막혀 있는 귀로는 그것을 받아들일 수가 없습니다. 그러므로 진정으로 복된 사람은 누구입니까(16)? 우리가 왜 구약시대의 많은 선지자들보다 더 복됩니까(17)?

ESV

10 Then the disciples came and
said to him, "Why do you speak
to them in parables?" 11 And he
answered them, "To you it has
been given to know the secrets
of the kingdom of heaven, but
to them it has not been given.
12 For to the one who has, more
will be given, and he will have
an abundance, but from the
one who has not, even what he
has will be taken away. 13 This is
why I speak to them in parables,
because seeing they do not see,
and hearing they do not hear, nor
do they understand. 14 Indeed,
in their case the prophecy of
Isaiah is fulfilled that says: ""You
will indeed hear but never
understand, and you will indeed
see but never perceive." 15 For
this people's heart has grown
dull, and with their ears they can
barely hear, and their eyes they
have closed, lest they should see
with their eyes and hear with
their ears and understand with
their heart and turn, and I would
heal them.' 16 But blessed are
your eyes, for they see, and your
ears, for they hear. 17 For truly, I
say to you, many prophets and
righteous people longed to see
what you see, and did not see it,
and to hear what you hear, and
did not hear it.

5. 씨 뿌리는 비유의 구체적인 내용을 살펴보시오(19~23). 길 가, 돌밭, 가시떨기에 뿌려진 것은 각각 받아들임(수용성)의 입장에서 어떤 문제가 있습니까(19~22)? 당신의 마음은 그 중 어느 것에 가깝습니까?

6. 좋은 땅은 왜 결실하게 되었으며 그 결과가 어떠합니까(23)? 말씀을 듣고 깨닫는 사람은 결국 그 인생이 어떻게 되겠습니까?

ESV

18 "Hear then the parable of the
sower: 19 When anyone hears
the word of the kingdom and
does not understand it, the evil
one comes and snatches away
what has been sown in his heart.
This is what was sown along the
path. 20 As for what was sown on
rocky ground, this is the one who
hears the word and immediately
receives it with joy, 21 yet he has
no root in himself, but endures
for a while, and when tribulation
or persecution arises on account
of the word, immediately he falls
away. 22 As for what was sown
among thorns, this is the one who
hears the word, but the cares of
the world and the deceitfulness
of riches choke the word, and it
proves unfruitful. 23 As for what
was sown on good soil, this is
the one who hears the word and
understands it. He indeed bears
fruit and yields, in one case a
hundredfold, in another sixty, and
in another thirty."

삶의 자리

1. 말씀을 들을 때 당신의 태도는 대체로 어떠합니까? 당신의 눈과 귀는 말씀 앞에서 얼마나 잘 수용하고 있습니까?

2. 말씀이 당신의 마음에 뿌려져 열매 맺도록 하기 위해서 당신이 바꾸어야 할 한 가지는 무엇입니까?

함께 기도합시다

말씀의 자리 +Plus

너희 눈은 봄으로, 너희 귀는 들음으로 복이 있도다.

'힘' 하면 삼손이 떠오르듯이, '지혜' 하면 솔로몬이 떠오릅니다. 하나님께서 솔로몬에게 "내가 너에게 무엇을 줄까, 너는 내게 구하라"고 했을 때, 그는 지혜를 구했습니다. 그가 구한 지혜는 히브리어로 '레브 쇼메아' 입니다. 직역하자면 '듣는 마음' 입니다. 우리가 일반적으로 말하는 지혜와는 약간 다른 의미입니다. 그는 그의 백성들을 재판하고 다스림에 있어서 그들의 상황을 잘 경청하고 이해하는 능력을 달라고 한 것입니다.

하나님의 말씀을 잘 듣고 백성들의 말을 경청했던 통치 초기, 그는 위대한 왕으로 알려지게 됩니다. 그러나 귀가 둔해져서 듣지 않고 오히려 정략결혼 한 이방인 왕비들의 말을 따르게 되면서 그는 하나님의 길에서 멀어지게 됩니다.

입력체계가 제대로 되어 있지 않으면 출력이 제대로 될 리가 없습니다. 하나님의 말씀을 듣고 받아들이는 것. 그것이 우리의 성장의 첫 단계요, 핵심입니다. 음식이 아무리 많고 보기에 화려해도 먹지 않으면 우리의 육체가 제대로 성장할 수 없듯이 하나님 말씀에 대한 영적거식증은 우리의 삶을 메마르게 할 것입니다.

말씀을 가까이 했던 바리새인들과 그 시대의 종교인들이 정작 하나님의 말씀을 듣지 않았습니다. 그리고 그들의 삶에는 말씀의 열매들이 나타나지 않았습니다. 하나님의 말씀을 듣고 깨닫는 사람이 복이 있습니다.

12과 죽이는 왕과 살리는 왕

- 마태복음 14:1~21(16)

  예수께서 이르시되 갈 것 없다 너희가 먹을 것을 주라

시작하는 이야기

시대마다 좋은 리더들이 있고 나쁜 리더들이 있습니다. 그리고 그들에 의하여 그 시대의 모습은 좋아지기도 하고 힘들어지기도 합니다. 오늘 말씀에는 헤롯 왕과 예수님이 대조되어 등장합니다. 당시 사람들은 헤롯이라는 악한 정치적 리더의 통치 아래 살고 있었습니다. 그는 부정을 저질렀고, 이에 대해 지적하는 반대 언론을 탄압했으며, 서민들이 굶주리며 눈물 흘릴 때 궁궐에서 호화잔치를 벌였습니다. 정의가 질식되고 참 리더가 사라진 시대, 예수님은 제자들을 데리고 빈 들로 갔습니다. 그곳에서 불쌍한 무리들을 고치고 먹이셨습니다.

오늘 말씀을 통해 우리는 예수님이 어떤 분이신지 살펴보고, 이 시대에 우리는 어떤 리더로 성장해 가야 할 것인지를 배워야겠습니다.

말씀의 자리

1. 분봉 왕 헤롯이 왜 두려워합니까(1~2)? 그가 세례요한을 잡아 가둔 이유는 무엇이었습니까(3~4)?

*분봉 왕: 로마제국 내에서 작은 일정 지역을 맡아 다스리던 군주

2. 헤롯이 처음에 왜 요한을 죽이지 못합니까(5)? 그런데 왜 그를 죽이게 됩니까(6~11)? 그 시대에 세례 요한은 어떤 리더였으며, 헤롯은 어떤 왕이라고 생각합니까?

ESV

1 At that time Herod the tetrarch
heard about the fame of Jesus, 2
and he said to his servants, "This
is John the Baptist. He has been
raised from the dead; that is why
these miraculous powers are at
work in him." 3 For Herod had
seized John and bound him and
put him in prison for the sake
of Herodias, his brother Philip's
wife, 4 because John had been
saying to him, "It is not lawful for
you to have her." 5 And though
he wanted to put him to death,
he feared the people, because
they held him to be a prophet. 6
But when Herod's birthday came,
the daughter of Herodias danced
before the company and pleased
Herod, 7 so that he promised with
an oath to give her whatever she
might ask. 8 Prompted by her
mother, she said, "Give me the
head of John the Baptist here
on a platter." 9 And the king was
sorry, but because of his oaths
and his guests he commanded
it to be given. 10 He sent and had
John beheaded in the prison,
11 and his head was brought on a
platter and given to the girl, and
she brought it to her mother. 12
And his disciples came and took
the body and buried it, and they
went and told Jesus.

3. 헤롯 치하에서 당시 사람들의 형편은 어떠했으며 예수님은 그들을 어떻게 대하십니까(13~14)?

4. 저녁이 되었을 때 어떤 문제가 발생했으며, 이를 해결하기 위한 제자들과 예수님의 방법은 어떻게 다릅니까(15~17, 요 6:5~9)? 이를 통해 볼 때, 무리를 향한 제자들과 예수님의 마음은 각각 어떤 것 같습니까?

ESV

13 Now when Jesus heard this, he
withdrew from there in a boat to
a desolate place by himself. But
when the crowds heard it, they
followed him on foot from the
towns. 14 When he went ashore
he saw a great crowd, and he
had compassion on them and
healed their sick. 15 Now when it
was evening, the disciples came
to him and said, "This is a desolate
place, and the day is now over;
send the crowds away to go into
the villages and buy food for
themselves." 16 But Jesus said,
"They need not go away; you
give them something to eat." 17
They said to him, "We have only
five loaves here and two fish."

5. 예수님께서 결국 어떻게 무리들을 먹이십니까(18~19)? 얼마나 풍성하게 먹였습니까(20~21)? 이를 통해 볼 때, 예수님은 어떤 분이십니까(20:28, 요 6:35)?

6. 두 왕, 헤롯과 예수님이 어떻게 대조됩니까? 당신은 예수님으로부터 무엇을 배울 수 있습니까?

ESV

18 And he said, "Bring them here
to me." 19 Then he ordered the
crowds to sit down on the grass,
and taking the five loaves and the
two fish, he looked up to heaven
and said a blessing. Then he
broke the loaves and gave them
to the disciples, and the disciples
gave them to the crowds. 20 And
they all ate and were satisfied.
And they took up twelve baskets
full of the broken pieces left over.
21 And those who ate were about
five thousand men, besides
women and children.

삶의 자리

1. 성장하면서 우리는 모두 선배가 되고 부모가 되는 것처럼 그 누군가의 리더가 됩니다. 오늘 말씀을 생각해 볼 때, 당신은 어떤 리더가 되고 싶습니까?

2. 빈들과 같은 캠퍼스의 수많은 학생들을 바라보면서 예수님께서 당신에게 원하는 것은 무엇일까요?

함께 기도합시다

말씀의 자리 +Plus

헤롯과 예수님

성경에는 헤롯이라는 이름이 많이 등장합니다. 헤롯 가문은 기원 전후 유대와 갈릴리 지역을 다스렸던 왕가였습니다. 이 가문의 등장은 예수님이 태어나던 당시의 왕이었던 헤롯대왕(Herod the Great)의 아버지로부터 시작되었습니다. 헤롯대왕은 대제사장을 마음대로 임명했고 아내와 장모 그리고 심지어 세 아들까지 포함하여 수많은 사람을 살해했으며 예수님을 죽이기 위해 유아들을 학살했습니다. 그의 사후 영토는 셋으로 분할되어 그의 세 아들들이 차지하였습니다. 그 중 한 명이 헤롯 안디바인데 그는 이복형제의 아내인 헤로디아와 결혼했으며 세례 요한을 살해했습니다. 그는 또한 예수님이 십자가에 못 박히기 전 재판과정에서 예수님을 희롱했습니다(눅 23:11). 그 이후 사도행전에 등장하는 헤롯 아그립바 1세는 헤로디아의 오빠이며 헤롯대왕의 손자로서, 야고보를 처형했고 베드로를 투옥한 인물입니다. 그의 아들 헤롯 아그립바 2세는 헤롯가의 마지막 왕으로 시 바울의 재판에 참여한 바가 있습니다.

이처럼 헤롯가문은 오랜 기간 동안 예수님과 사도들을 핍박했습니다. 로마의 힘을 빌려 권력을 유지하면서 복음의 대적이요 백성들의 탄압자가 되었습니다. 그러나 헤롯 가문은 멸망했고, 참 왕이신 예수님은 제자들이 전파한 복음을 통해서 널리 전해져서 수많은 생명을 살리셨습니다. 헤롯은 백성들을 탈취했지만, 예수님은 자신을 나눠주셨습니다. 헤롯은 자기의 이익을 위해 사람들을 죽였지만, 예수님은 자기의 생명을 버리면서까지 사람들을 살리셨습니다. 헤롯가문과 예수님은 그 시대의 대조적인 두 리더의 모습을 보여줍니다. 당신은 어떤 길을 걷고 싶습니까?

13과

바리새인의 외식을 책망하시는 예수님

- 마태복음 15:1~20(8)

이 백성이 입술로는 나를 공경하되 마음은 내게서 멀도다

시작하는 이야기

오늘날이나 예수님 시대나 사람들은 외모나 형식 등의 겉치레에 많은 관심을 갖습니다. 그러나 예수님은 외적인 형식만을 지나치게 강조하는 형식주의자들의 잘못을 지적하십니다. 그리고 진정으로 사람을 더럽히는 것이 무엇인가를 가르쳐주십니다. 본문을 통해 전통을 지키는 형식적인 종교행위와 하나님의 계명에 진정으로 순종하는 참 신앙의 차이를 깊이 깨달을 수 있기를 바랍니다.

말씀의 자리

1. 예루살렘으로부터 온 바리새인과 서기관들이 예수님께 무슨 문제로 질문합니까(2)?

*장로들의 전통(유전, 2절): 유대인들은 오경 이외에 하나님이 모세를 통해 주신 구전 율법이 또 있다고 생각했음. 또한 유대교에서는 율법을 가르칠 때 율법의 항목이나 그 원론만을 가르치기 때문에 실제 생활에 구체적으로 적용하기 위한 보다 상세한 규범이 필요하다고 생각했음. 그래서 유대교 랍비들이 고대의 전승 자료들을 중심으로 세세한 생활 규칙들을 집대성하기 시작했는데, 이것이 바로 장로들의 전통임.

2. 예수님은 질문에 답하면서 그들의 어떤 점을 지적하십니까(3)? 예수님이 인용한 구약(4, 출 20:12; 21:17)을 참조할 때, 전통이 어떻게 하나님의 계명을 범하고 있습니까(4~6)?

*하나님께 드림이 되었다(5): '고르반(막 7:11)' ('선물'이란 뜻으로 하나님께 바쳐진 재산)으로 불림. '고르반'으로 바쳐진 재산은 사실상 소유자가 죽기 전까지 안 바쳐도 되며, 자신이 그 소유물을 사용할 수 있게 되었다고 함. 그래서 결국 그들은 부모 공양을 회피하는 도구로 이 유전을 악용한 것임. 하나님을 위해 만든 제도(전통)가 부모 공경(율법: 십계명 5)을 회피하는 도구로 악용된 것임.

ESV

1 Then Pharisees and scribes
came to Jesus from Jerusalem
and said, 2 "Why do your
disciples break the tradition
of the elders? For they do not
wash their hands when they
eat." 3 He answered them,
"And why do you break the
commandment of God for
the sake of your tradition? 4
For God commanded, 'Honor
your father and your mother,'
and, 'Whoever reviles father
or mother must surely die.' 5
But you say, 'If anyone tells his
father or his mother, "What
you would have gained from
me is given to God," 6 he need
not honor his father.' So for the
sake of your tradition you have
made void the word of God.

3. 예수님이 인용한 이사야 29:13절 말씀에 비추어 볼 때, 바리새인과 서기관들의 문제점은 무엇입니까(7~9)? 무리들에게 결론적으로 어떤 교훈을 주십니까(10,11)?

4. 제자의 질문(12)을 받은 예수님은 바리새인들이 어떤 사람이라고 말씀하십니까(13,14)?

*바리새인에 대하여 언급한 말씀 참조: 요 9:39~41; 롬 2:19,20

ESV

7 You hypocrites! Well did Isaiah prophesy of you, when he said:
8 "'This people honors me with their lips, but their heart is far from me; 9 in vain do they worship me, teaching as doctrines the commandments of men.'" 10 And he called the people to him and said to them, "Hear and understand: 11 it is not what goes into the mouth that defiles a person, but what comes out of the mouth; this defiles a person." 12 Then the disciples came and said to him, "Do you know that the Pharisees were offended when they heard this saying?" 13 He answered, "Every plant that my heavenly Father has not planted will be rooted up. 14
Let them alone; they are blind guides. And if the blind lead the blind, both will fall into a pit."

5. 무리(10), 바리새인(14상), 제자들(15,16)을 비교해 볼 때, 예수님은 대상에 따라 어떻게 다르게 대하십니까? 거짓 교훈을 주장하며, 자기의 잘못을 고치지 않으려는 사람을 어떻게 대해야 하겠습니까? 두 단계로 생각해 보세요(1단계: 3~9, 2단계: 14상; 롬 16:17).

6. 베드로의 요청에 대한 예수님의 가르침을 볼 때, 사람을 진짜로 더럽히는 것(7가지)은 무엇입니까(17~20; 딤전 4:3~5참조)? 그 이유는 무엇입니까(렘 17:9)?

ESV

15 But Peter said to him,
"Explain the parable to us."
16 And he said, "Are you also
still without understanding? 17
Do you not see that whatever
goes into the mouth passes into
the stomach and is expelled?
18 But what comes out of the
mouth proceeds from the
heart, and this defiles a person.
19 For out of the heart come
evil thoughts, murder, adultery,
sexual immorality, theft, false
witness, slander. 20 These are
what defile a person. But to eat
with unwashed hands does not
defile anyone."

삶의 자리

1. 신앙의 전통과 형식이 나쁜 것은 아닙니다. 하지만 전통과 형식 때문에 하나님의 말씀에 담겨있는 본질을 훼손하고, 형식주의적인 삶을 살아가는 것은 옳지 않습니다. 당신에게 전통과 형식을 하나님의 말씀보다 더 중요하게 여기는 형식주의적인 모습은 없습니까? 특히 하나님을 섬기며 예배하는 삶 속에 이러한 요소는 없는지 깊이 생각해보세요.

2. 나와 공동체, 그리고 사회를 더럽히는 요소가 무엇인가 생각해 보세요. 특히 나의 삶의 정결함을 유지하기 위해 어떤 자세가 요구됩니까(잠 4:23, 요일 1:8~10, 딤전 4:5)?

함께 기도합시다

말씀의 자리 +Plus

진짜로 사람을 더럽히는 것

예수님은 씻지 않은 손으로 떡을 먹는 것이 사람을 더럽히지 못한다고 말씀하십니다. 도리어 인간의 악한 마음에서 나오는 일곱 가지, 즉 악한 생각, 살인, 간음, 음란, 도적질, 거짓 증언(위증), 비방(모독) 등이 사람을 진짜로 더럽게 하는 것이라고 말씀하십니다. 살인, 간음, 음란, 도적질, 거짓증거, 훼방은 십계명 중 두 번째 돌판에 새겨졌던 계명들입니다.

'악한 생각' 은 뒤에 나오는 계명들에 대한 근본적인 악이라고 볼 수 있습니다. 예수님은 유대인 지도자들이 신앙과 윤리를 서로 다른 것으로 구분하여 하나님을 잘 섬긴다는 미명 하에 윤리적 성격을 지닌 계명들을 무시했음을 책망하고 계십니다.

교회와 신앙공동체 안에서의 종교적 형식을 지키는 것만으로 거룩한 삶을 유지할 수 있다고 생각하지 마십시오. 우리의 삶의 모든 자리에서 악한 생각을 버리고 마음으로부터 하나님을 경외하며 살아갈 때 우리의 삶이 하나님 보시기에 더욱 깨끗하고 거룩하게 변화되는 은혜를 맛보게 될 것입니다.

14과

너희는 나를 누구라 하느냐?

- 마태복음 16:13~28(16)

시몬 베드로가 대답하여 이르되 주는 그리스도시오 살아계신 하나님의 아들이시니이다

시작하는 이야기

본문의 말씀은 마태복음을 크게 두 부분으로 나누는 정점이 됩니다. 이제 예수님의 사역은 중요한 전환점을 맞게 되었습니다. 본문에서는 베드로의 귀한 신앙고백과 예수님의 십자가와 부활에 대한 첫 번째 가르침, 제자도 등 주옥같은 말씀을 내포하고 있습니다. 이 말씀을 통해 예수님이 누구신지를 분명히 깨닫고 올바른 신앙고백을 하며 제자의 길을 힘차게 걸어갈 수 있기를 기도합니다.

말씀의 자리

1. 가이사랴 빌립보에서 예수님이 제자들에게 하신 질문이 무엇입니까(13)? 예수님에 대한 사람들의 견해와 베드로의 견해가 어떻게 다릅니까(14~16)?

*가이사랴 빌립보(13절): 갈릴리 북쪽에 있는 도시로 분봉왕인 헤롯 빌립에 의해 건설되어 로마 황제의 이름(가이사)과 자신의 이름(빌립)을 따서 명명함.

2. 베드로의 신앙고백에 대한 예수님의 반응이 어떠합니까(17)? 베드로가 위대한 신앙고백을 할 수 있었던 이유는 무엇입니까(17; 마 11:25~27)?

ESV

13 Now when Jesus came into
the district of Caesarea Philippi,
he asked his disciples, "Who do
people say that the Son of Man
is?" 14 And they said, "Some
say John the Baptist, others
say Elijah, and others Jeremiah
or one of the prophets." 15 He
said to them, "But who do you
say that I am?" 16 Simon Peter
replied, "You are the Christ, the
Son of the living God." 17 And
Jesus answered him, "Blessed
are you, Simon Bar-Jonah!
For flesh and blood has not
revealed this to you, but my
Father who is in heaven.

3. 18절을 음미해 볼 때 교회의 진정한 의미가 무엇이며, 베드로에게 천국열쇠를 준다는 것은 무엇을 의미합니까(계 1:18, 행 15:5~12)?

*반석(18): 헬라어로 '페트라' 임. 베드로(헬; 페트로스)는 게바(아람어)의 번역어로 '바위' 나 '작은 돌맹이' 를 뜻함. 따라서, 예수님은 베드로의 신앙고백이 반석(페트라)과 같은 진리이고, 그 진리위에 교회를 세우시겠다고 말씀하고 계심.
*매고 푸는 것(19): 랍비들에게 익숙한 말로 '금하고 허락하는 것' 을 의미함.

4. 21절의 말씀을 매우 신중하게 이야기 하시는 것을 볼 때, 예수님의 사역과 가르침 중에서 가장 중요한 핵심은 무엇이며, 그 이유는 무엇이라고 생각합니까(마 1:21)?

ESV

18 And I tell you, you are Peter,
and on this rock I will build
my church, and the gates of
hell shall not prevail against
it. 19 I will give you the keys of
the kingdom of heaven, and
whatever you bind on earth
shall be bound in heaven, and
whatever you loose on earth
shall be loosed in heaven." 20
Then he strictly charged the
disciples to tell no one that he
was the Christ. 21 From that
time Jesus began to show his
disciples that he must go to
Jerusalem and suffer many
things from the elders and
chief priests and scribes, and
be killed, and on the third day
be raised.

5. 예수님의 가르침에 대한 베드로의 반응이 어떠하며, 예수님이 보실 때 그가 어떤 점에서 사단의 역할을 하고 있는 것입니까(22,23; 마 4:8)?

6. 예수님을 따르는 제자의 길 두 가지는 무엇입니까(24,25)? 예수님은 제자들에게 어떻게 확신(25)과 중요성(26)을 심어주시며 어떤 격려의 말씀을 주십니까(27,28)?

ESV

22 And Peter took him aside and
began to rebuke him, saying,
"Far be it from you, Lord! This
shall never happen to you." 23
But he turned and said to Peter,
"Get behind me, Satan! You are
a hindrance to me. For you are
not setting your mind on the
things of God, but on the things
of man." 24 Then Jesus told
his disciples, "If anyone would
come after me, let him deny
himself and take up his cross
and follow me. 25 For whoever
would save his life will lose it,
but whoever loses his life for
my sake will find it. 26 For what
will it profit a man if he gains
the whole world and forfeits his
soul? Or what shall a man give
in return for his soul? 27 For the
Son of Man is going to come
with his angels in the glory of
his Father, and then he will
repay each person according to
what he has done. 28 Truly, I say
to you, there are some standing
here who will not taste death
until they see the Son of Man
coming in his kingdom."

삶의 자리

1. 오늘날 사람들이 생각하는 예수님은 어떤 분이십니까? 그리고 오늘 말씀을 통해 당신이 깨달은 예수님은 어떤 분이십니까?

2. 예수님을 그리스도로 믿고 따른다는 것은 주님의 제자가 되는 것을 의미합니다. 당신이 주님의 제자로서 감당해야 할 '자기 부인'과 '자기 십자가'는 구체적으로 무엇입니까?

함께 기도합시다

말씀의 자리 +Plus

위대한 고백, 위대한 삶

많은 사람들이 위대한 스승을 만나고 싶어 합니다. 그리고 그러한 스승 밑에서 훌륭한 제자가 되기를 희망합니다. 예수님을 따르던 제자들도 마찬가지였습니다. 그들은 예수님의 제자가 된다는 것이 얼마나 귀한 복인지를 알았습니다. 그러한 제자들에게 이제 예수님은 중요한 질문을 던지십니다. "너희는 나를 누구라 하느냐?" 이 질문에 올바른 답을 하는 사람만이 예수님의 제자가 될 수 있습니다. 베드로는 예수님께 위대한 고백을 합니다. 예수님은 단순히 훌륭하고 뛰어난 인간이 아니라, 우리를 구원할 그리스도(왕)시요, 하나님의 아들이시라고 고백하였습니다. 주님은 베드로의 위대한 고백 위에 교회를 세우셨습니다.

교회를 구성하는 사람들은 어떤 사람들 입니까? 바로 예수님을 그리스도로 믿고, 살아계신 하나님의 아들로 믿는 위대한 고백을 한 사람들입니다. 이러한 사람들에게 주님은 어떤 삶을 요구하십니까? 자기를 부인하고 자기 십자가를 지라고 말씀하십니다. 어떤 큰 업적을 남기는 것만이 위대한 삶이 아니라, 주님의 제자로서 '제자도'를 실천하는 삶이 위대한 삶입니다. 날마다의 삶 속에서 하나님이 기뻐하시는 위대한 고백을 하고, 위대한 삶을 살아가시기 바랍니다.

15과

영광과 고난의 왕 되신 예수님

● 마태복음 17:1~13(2)

그들 앞에서 변형되사 그 얼굴이 해 같이 빛나며 옷이 빛과 같이 희어졌더라

시작하는 이야기

베드로의 신앙고백과 첫 번째 수난 예고가 있은 지 엿새 후에 예수님이 세 제자만을 데리시고 높은 산에 올라가십니다. 그리고 그 곳에서 자신의 변화되신 모습을 보여주십니다. 제자들은 이 사건을 통해 예수님이 여러 성자 중의 한 분이 아니요 영광스러운 하나님의 아들로서 하나님의 구원 약속을 성취한 그리스도임을 분명히 깨닫게 됩니다. 또한 주님의 영광은 고난이라는 값비싼 대가를 통해 얻어지는 것임을 보여 주고 있습니다. 오늘 말씀을 통해 영광의 왕 되신 예수님을 깊이 영접하고, 기꺼이 주님의 고난에 함께 동참하고자 하는 결단이 있기를 바랍니다.

말씀의 자리

1. 예수님은 언제, 어디서, 누가 보는 가운데 어떤 모습으로 변형되셨습니까(1~2)? 왜 예수님은 세 제자들에게 자신의 변형되신 모습을 보여 주셨을까요(눅 9:31, 벧후 1:16)?

2. 변형되신 예수님은 누구와 대화를 나누셨습니까(3)? 모세와 엘리야는 어떤 사람입니까(출 19:4~6, 31:18, 신 34:5~6, 왕상 18:30, 19:8, 왕하 2:11)?

ESV

1 And after six days Jesus took
with him Peter and James,
and John his brother, and
led them up a high mountain
by themselves. 2 And he was
transfigured before them, and
his face shone like the sun,
and his clothes became white
as light. 3 And behold, there
appeared to them Moses and
Elijah, talking with him.

3. 베드로가 예수님께 건의한 내용은 무엇이며, 무지한 제자들에게 하나님은 어떤 말씀을 들려 주셨습니까(4~5)? 또한 하나님의 음성을 들은 제자들의 반응이 어떠합니까(6)?

*초막(4절): 옛날 유대에서는 귀한 손님을 위해 초막을 지어 대접하는 풍속이 있었음
*구름(5절): 성경 전체를 통하여 주로 하나님의 영광스러운 임재로 상징되었음

4. 변화산에서 내려올 때 예수님이 제자들에게 당부한 말씀은 무엇입니까(9)? 왜 그런 당부를 하셨을까요?

ESV

4 And Peter said to Jesus,
"Lord, it is good that we are
here. If you wish, I will make
three tents here, one for you
and one for Moses and one for
Elijah." 5 He was still speaking
when, behold, a bright cloud
overshadowed them, and a
voice from the cloud said, "This
is my beloved Son, with whom I
am well pleased; listen to him."
6 When the disciples heard this,
they fell on their faces and were
terrified. 7 But Jesus came and
touched them, saying, "Rise,
and have no fear." 8 And when
they lifted up their eyes, they
saw no one but Jesus only.

5. 엘리야에 대한 제자들의 질문이 무엇이며 왜 이러한 질문을 하게 되었습니까(말 4:4~5)? 제자들의 질문에 대한 예수님의 대답은 무엇입니까(11~13; 마 11:13~14)?

6. 예수님의 답변을 통해 볼 때, 예수님의 영광과 고난은 어떤 관계가 있습니까(9,12)?

ESV

9 And as they were coming
down the mountain, Jesus
commanded them, "Tell no one
the vision, until the Son of Man
is raised from the dead." 10 And
the disciples asked him, "Then
why do the scribes say that
first Elijah must come?" 11 He
answered, "Elijah does come,
and he will restore all things.
12 But I tell you that Elijah has
already come, and they did not
recognize him, but did to him
whatever they pleased. So also
the Son of Man will certainly
suffer at their hands." 13 Then
the disciples understood that
he was speaking to them of
John the Baptist.

삶의 자리

1. 당신이 오늘 본문을 통해 예수님에 대해 새롭게 깨달은 점이 무엇입니까? 우리가 오늘날 어떻게 육안으로 보이지 않는 예수님의 영광을 볼 수 있습니까(요 11:40; 고후 3:16~18)?

2. 예수님의 영광스러운 변형의 사건이 우리에게 어떤 소망을 줍니까(행 7:55; 요일 3:2; 롬 8:17,18)?

함께 기도합시다

말씀의 자리 +Plus

고난과 영광

우리는 우리의 삶에 고난이 없기를 바랍니다. 만사형통하고 안정된 삶만을 기대합니다. 하지만 죄와 악이 존재하는 이 세상에서 살아가는 모든 사람에게는 고난과 어려움이 찾아옵니다. 더군다나 예수님을 따르는 제자의 삶에는 악한 세력과의 싸움으로 말미암는 필연적인 고난이 찾아오게 됩니다. 그렇다면 어떻게 이런 고난을 이기고 승리할 수 있을까요? 그것은 고난 뒤에 있을 찬란한 영광을 바라볼 때 가능합니다. 예수님은 부활의 승리를 맞이하기 전에 십자가의 고난을 당하셨습니다. 또한 그 주님을 따르는 제자들도 예수님을 위해 고난당할 것을 아셨기에, 예수님은 사랑하는 핵심 제자 3명을 데리고 장차 누리게 될 영광을 미리 맛보게 하신 것입니다. 이러한 영광에 대한 체험은 제자들에게 잊지 못할 은혜의 체험이 되었고, 그들이 끝까지 주를 위해 충성하게 하는 격려가 되었습니다. 바울도 "자녀이면 또한 상속자 곧 하나님의 상속자요 그리스도와 함께 한 상속자니 우리가 그와 함께 영광을 받기 위하여 고난도 함께 받아야 할 것이니라. 생각하건대 현재의 고난은 장차 우리에게 나타날 영광과 비교할 수 없도다(롬 8:17~18)" 라고 말씀하고 있습니다. 현재 내 앞에 있는 고난의 길을 영광의 주님을 바라보며 걸어갈 수 있기를 바랍니다.

16과

권징과 용서

● 마태복음 18:15~35(35)

너희가 각각 마음으로부터 형제를 용서하지 아니하면 나의 하늘 아버지께서도 너희에게 이와 같이 하시리라

시작하는 이야기

신앙공동체 안에도 연약한 사람들이 모이기에 죄의 문제가 여전히 존재합니다. 개인적인 죄악은 물론이거니와 다툼, 시기, 미움 등의 공동체적 죄악이 존재하기도 합니다. 이러한 죄 문제 앞에서 교회나 신앙 공동체는 죄를 해결하고 거룩함을 유지해야 합니다. 오늘 말씀은 어떻게 죄를 해결하고 거룩함을 유지할 수 있는지를 가르쳐 주고 있습니다.

말씀의 자리

1. 15~17절은 신앙공동체 안에서 형제가 죄를 범하였을 때 어떻게 해야 하는지 가르쳐 주는 내용입니다. 4개의 조건절(~하거든)을 중심으로 내용을 정리해 보세요.

2. 신앙 공동체 안에서 범죄한 형제를 도우려면 어떤 마음과 자세로 권고해야 합니까(15~17; 갈 6:1; 엡 4:14~16)?

*이방인과 세리와 같이 여기라(17): 끝까지 죄를 회개하지 아니하고 공동체의 일원으로 회복되기를 거절하는 자들은 단순히 교회 공동체에서 출교 될 것이라는 점을 의미 할뿐만 아니라 이들이 가장 악한 유형의 사람들임을 암시함.

ESV

15 "If your brother sins against
you, go and tell him his fault,
between you and him alone.
If he listens to you, you have
gained your brother. 16 But if
he does not listen, take one
or two others along with you,
that every charge may be
established by the evidence of
two or three witnesses. 17 If he
refuses to listen to them, tell it
to the church. And if he refuses
to listen even to the church, let
him be to you as a Gentile and a
tax collector.

3. 권징을 말씀하시면서 주님이 바른 권징을 행해야 할 교회에 어떤 권위를 주십니까(18)? 특히 교회나 신앙공동체는 범죄 한 사람의 회복을 위해 어떻게 해야 합니까(19)? 하나님이 우리의 기도를 들어주시는 근거는 무엇이며, 주님의 이름으로 모이는 신앙 공동체가 누리게 되는 하나님의 은혜는 무엇입니까(20)?

4. 죄에 대한 권고, 회개와 용서 등의 교훈을 가르치신 예수님께 베드로가 어떤 기대를 가지고, 무슨 질문을 합니까(21)? 또한 그에 대한 예수님의 답변은 무엇입니까(22)?

*유대인 랍비들은 3회까지는 용서해 주되, 4회는 절대 용서하지 말라고 가르쳤음.

ESV

18 Truly, I say to you, whatever
you bind on earth shall be
bound in heaven, and whatever
you loose on earth shall be
loosed in heaven. 19 Again I say
to you, if two of you agree on
earth about anything they ask,
it will be done for them by my
Father in heaven. 20 For where
two or three are gathered in
my name, there am I among
them." 21 Then Peter came
up and said to him, "Lord,
how often will my brother sin
against me, and I forgive him?
As many as seven times?" 22
Jesus said to him, "I do not say
to you seven times, but seventy-
seven times. 23 "Therefore the
kingdom of heaven may be
compared to a king who wished
to settle accounts with his
servants. 24 When he began to
settle, one was brought to him
who owed him ten thousand
talents. 25 And since he could
not pay, his master ordered
him to be sold, with his wife and
children and all that he had,
and payment to be made. 26 So
the servant fell on his knees,
imploring him, 'Have patience
with me, and I will pay you
everything.'

5. 예수님은 용서에 대해 가르치시면서 '용서할 줄 모르는 종의 비유'를 말씀해주십니다. 23~35절에 나타난 비유의 내용을 간략하게 설명해 보세요.

*일만 달란트는 6,000만 데나리온으로써(1데나리온은 노동자의 1일 품삯에 해당함), 100데나리온의 60만배임.

6. 용서하지 않았을 때 어떤 결과를 초래했습니까(34,35)? 우리는 어떻게 용서할 수 있을까요(33, 엡 4:32)?

ESV

27 And out of pity for him, the
master of that servant released
him and forgave him the debt.
28 But when that same servant
went out, he found one of his
fellow servants who owed him
a hundred denarii, and seizing
him, he began to choke him,
saying, 'Pay what you owe.' 29
So his fellow servant fell down
and pleaded with him, 'Have
patience with me, and I will pay
you.' 30 He refused and went
and put him in prison until he
should pay the debt. 31 When
his fellow servants saw what
had taken place, they were
greatly distressed, and they
went and reported to their
master all that had taken place.
32 Then his master summoned
him and said to him, 'You
wicked servant! I forgave you all
that debt because you pleaded
with me. 33 And should not you
have had mercy on your fellow
servant, as I had mercy on you?'
34 And in anger his master
delivered him to the jailers, until
he should pay all his debt. 35 So
also my heavenly Father will do
to every one of you, if you do not
forgive your brother from your
heart."

삶의 자리

1. 권징이란 선한 일을 권장하고 악한 일을 징계하는 것을 말합니다. 교회나 신앙공동체 안에 왜 권징이 필요하다고 생각하십니까? 권징이 범죄 한 형제에게 그리고 신앙공동체에 어떤 유익이 있습니까?

2. 다른 사람을 용서해 준 아름다운 경험이 있다면 서로 나누어 보십시오. 혹시 아직 진심으로 용서할 수 없는 사람이 있습니까? 만약 있다면 어떻게 해야 하겠습니까?

함께 기도합시다

말씀의 자리 +Plus

권징과 용서, 어떻게 할까?

사람은 모두가 연약하기 때문에 실수 할 수 있습니다. 그리스도인들 사이에서도 실수나 범죄가 일어납니다. 그럴 때 어떻게 해야 합니까? 예수님은 네 번의 권고를 통해 회복하고 돌이킬 기회를 주도록 말씀하십니다. 또한 형제의 회복을 위해 하나님께 합심하여 간구할 것도 말씀하십니다. 그럼에도 불구하고 하나님을 대적하거나 공동체의 질서를 어지럽히는 사람에게 '권징' 을 행해야 할 때가 있습니다(고전 5장, 살후 3:6~15, 딤후 2:23~26, 딛 3:10). 무엇보다 중요한 것은 권징의 목적이 '죽이기 위한 것' 이 아니라, '살리기 위한 것' 임을 잊지 말아야 합니다.

같은 잘못을 반복하는 형제를 계속해서 용서하는 것은 결코 쉬운 일이 아닙니다. 그런데 예수님은 용서의 '횟수' 만이 아니라, 용서의 '태도' 까지도 지적하시면서 '마음 중심으로' 용서하라고 말씀하십니다(35절). 하지만 우리가 어떻게 이런 '초자연적인 용서' 를 할 수 있을까요? 비유의 말씀처럼 우리는 우리 동료와 형제가 우리에게 잘못한 것보다도 더 크고 많은 잘못과 죄를 하나님으로부터 탕감 받은 자들이기 때문에 용서해야 합니다. 나의 힘으로 용서할 수 없지만 하나님이 우리를 용서하신 그 사랑을 힘입어 성령을 의지하여 우리도 다른 형제, 자매들을 용서하며 사랑합시다.

17과

결혼과 가정

- 마태복음 19:1~15(6)

그런즉 이제 둘이 아니요 한 몸이니 그러므로 하나님이 짝지어 주신 것을 사람이 나누지 못할지니라 하시니

시작하는 이야기

결혼과 가정에 관한 제도는 인간이 타락하기 전에 이미 하나님이 제정하신 매우 중요하고 귀한 법입니다. 그런데 오늘날 왜곡된 결혼관을 가지고 살아가는 젊은이들이 많고, 결혼과 이혼을 너무나 쉽게 생각하는 사람들도 많습니다. 그로 말미암아 깨어지고 상처 입은 가정들이 너무나 많습니다. 이러한 시대에 우리는 결혼과 가정의 제도를 바르게 가르쳐주신 예수님의 말씀을 깊이 있게 새겨들어야 할 필요가 있습니다. 오늘 말씀을 통해 올바른 결혼관과 가정관을 새롭게 정립하는 시간이 될 수 있기를 바랍니다.

말씀의 자리

1. 예수님의 관심(2)과 바리새인의 관심(3상)이 어떻게 대조됩니까? 바리새인들의 질문이 어떤 점에서 시험이 됩니까?

*그 당시 이혼문제에 대한 모세의 율법(신 24:1~4)을 놓고 유대의 두 학파의 견해가 달랐음. 힐렐학파는 '수치 되는 일'에 여러 가지 사소한 이유를 다 포함 시켰고, 샴마이 학파는 간음하는 경우만을 수치 되는 일로 주장함.

2. 예수님은 대답을 하시기 위해 신명기의 모세 율법 대신에 먼저 어느 말씀을 인용하십니까(4,5)? 이 말씀 속에서 예수님이 강조하고자 하는 바는 무엇입니까? 특히 ①결혼의 기원 및 의미(4,5; 창 2:18, 20~23), ②결혼의 성격(6, 창 2:24)을 살펴보세요.

*읽지 못하였느냐(5절): 바리새인들이 성경의 한 부분만을 강조해 논쟁하고 더 중요한 부분을 무시하는 실수를 지적하신 것임.

ESV

1 Now when Jesus had finished
these sayings, he went away
from Galilee and entered the
region of Judea beyond the
Jordan. 2 And large crowds
followed him, and he healed
them there. 3 And Pharisees
came up to him and tested him
by asking, "Is it lawful to divorce
one's wife for any cause?" 4
He answered, "Have you not
read that he who created them
from the beginning made them
male and female, 5 and said,
'Therefore a man shall leave
his father and his mother and
hold fast to his wife, and the
two shall become one flesh'? 6
So they are no longer two but
one flesh. What therefore God
has joined together, let not man
separate."

3. 예수님의 답변이 끝나기도 전에 그들은 다시 무슨 질문을 합니까(7, 신 24:1~4 참조)? 예수님은 모세의 이혼에 관한 율법을 어떻게 해석하십니까(8~9)?

*모세의 이혼 증서(7): 모세는 이혼 절차를 통하여 함부로 아내를 버리지 못하도록 막고자 했으며 합법적으로 이혼한 여성을 보호하고자 한 것임.
*내가 너희에게 말하노니(9): 정확한 의미를 바르게 확립하도록 강조하심.

4. 제자들이 어떤 문제를 제기하며 왜 그런 문제를 제기한다고 생각합니까(10)? 제자들마저 이렇게 생각하는 것을 볼 때, 그 당시의 '여성관', '결혼관', '이혼관'이 어떠했다고 생각됩니까?

ESV

7 They said to him, "Why then
did Moses command one to
give a certificate of divorce
and to send her away?" 8 He
said to them, "Because of
your hardness of heart Moses
allowed you to divorce your
wives, but from the beginning
it was not so. 9 And I say to
you: whoever divorces his wife,
except for sexual immorality,
and marries another, commits
adultery." 10 The disciples said
to him, "If such is the case of
a man with his wife, it is better
not to marry."

5. 제자들의 질문에 대한 예수님의 답변은 무엇이며, 예수님은 어떤 경우에 독신생활이 가능하다고 말씀하십니까(11,12; 고전 7:7~9)?

6. 아이는 가정에 열매로 주시는 하나님의 귀한 선물입니다. 예수님과 제자들의 아이를 대하는 태도가 각각 어떻게 다릅니까(13~15)? 또한 예수님은 어린 아이들을 통해 어떤 진리를 가르쳐 주십니까?

ESV

11 But he said to them, "Not
everyone can receive this
saying, but only those to
whom it is given. 12 For there
are eunuchs who have been
so from birth, and there are
eunuchs who have been
made eunuchs by men, and
there are eunuchs who have
made themselves eunuchs
for the sake of the kingdom
of heaven. Let the one who is
able to receive this receive it."
13 Then children were brought
to him that he might lay his
hands on them and pray. The
disciples rebuked the people,
14 but Jesus said, "Let the
little children come to me
and do not hinder them, for
to such belongs the kingdom
of heaven." 15 And he laid his
hands on them and went away.

삶의 자리

1. 성경적인 결혼관(결혼의 의미, 이유, 목적 등등)에 대해 이야기 해 보십시오. 또한 성경적인 이혼관, 독신관에 대해서도 나누어 보십시오.

2. 하나님이 기뻐하시는 결혼과 가정을 생각할 때, 당신이 지금부터 준비하고 기도해야 할 것은 무엇입니까?

함께 기도합시다

말씀의 자리 +Plus

결혼, 이혼, 재혼, 독신에 관련된 말씀들

1. 결혼

(창 2:24) 결혼은 하나님이 제정하신 것으로 두 사람의 남녀가 부모를 떠나 동등한 인격체로 연합해 가정을 이루는 것입니다.

(고전 7:2) 결혼의 목적 중 하나는 성적 타락을 막고 신앙의 순결을 지키기 위함입니다.

2. 이혼

(마 19:6) 결혼한 두 사람은 공동 운명체적 존재로 한 몸을 이루므로 하나님은 이혼을 반대하십니다.

(마 5:32) 간음은 이혼 사유 중 하나지만 다른 이유로 이혼하는 것은 간음하는 것과 같습니다.

(말 2:16) 이혼은 하나님이 기뻐하지 않습니다.

3. 재혼

(고전 7:39) 결혼 관계는 살아 있을 동안 성립되는 것이기 때문에 배우자가 죽으면 주 안에서 재혼 할 수 있습니다.

4. 독신

(고전 7:8) 독신은 하나님을 더 잘 섬길 수 있는 유익이 있습니다.

(마 19:10~12) 그러나 독신은 특별한 은사의 영역에 속합니다.

18과

포도원 품꾼의 비유

● 마태복음 20:1~16(16)

이와 같이 나중 된 자로서 먼저 되고 먼저 된 자로서 나중 되리라

시작하는 이야기

오늘 본문의 비유는 하나님 나라의 원리를 우리에게 가르쳐 줍니다. 또한 그 원리를 깨달은 주님의 일꾼들은 어떤 태도와 자세로 하나님 나라의 일을 감당하면서 살아야 할지 가르쳐 줍니다. 오늘 말씀을 통해 하나님의 귀한 은혜와 그 은혜를 받은 자로서 어떻게 살아야 할지 깊이 깨닫는 시간이 되시길 소망합니다.

말씀의 자리

1. 포도원 주인은 어떤 사람들을 불러 일을 시킵니까(2~7)?

*데나리온: 신약 시대에 일꾼의 하루치 삯을 나타내는 로마인들이 발행했던 은전.

2. 저녁이 되었을 때 주인은 품삯을 어떻게 계산하여 주었습니까(8~10)?

ESV

1 "For the kingdom of heaven
is like a master of a house who
went out early in the morning
to hire laborers for his vineyard.
2 After agreeing with the
laborers for a denarius a day,
he sent them into his vineyard.
3 And going out about the third
hour he saw others standing
idle in the marketplace, 4 and
to them he said, 'You go into
the vineyard too, and whatever
is right I will give you.' 5 So they
went. Going out again about the
sixth hour and the ninth hour,
he did the same. 6 And about
the eleventh hour he went out
and found others standing. And
he said to them, 'Why do you
stand here idle all day?' 7 They
said to him, 'Because no one
has hired us.' He said to them,
'You go into the vineyard too.'
8 And when evening came, the
owner of the vineyard said to
his foreman, 'Call the laborers
and pay them their wages,
beginning with the last, up to
the first.' 9 And when those
hired about the eleventh hour
came, each of them received a
denarius. 10 Now when those
hired first came, they thought
they would receive more, but
each of them also received a
denarius.

3. 어떤 사람들이 무슨 원망을 합니까(10~12)? 왜 주인에게 잘못이 없습니까(13)?

4. 주인이 품삯을 지불한 근거가 무엇입니까(13~15; 롬 9:15, 16)?

ESV

11 And on receiving it they
grumbled at the master of the
house, 12 saying, 'These last
worked only one hour, and you
have made them equal to us
who have borne the burden
of the day and the scorching
heat.' 13 But he replied to one
of them, 'Friend, I am doing you
no wrong. Did you not agree
with me for a denarius? 14
Take what belongs to you and
go. I choose to give to this last
worker as I give to you. 15 Am I
not allowed to do what I choose
with what belongs to me? Or do
you begrudge my generosity?'
16 So the last will be first, and
the first last."

5. 본문의 비유를 둘러싸고 있는 주님의 말씀이 무엇입니까(19:30, 20:16)? 이러한 말씀을 볼 때, 이 비유는 1차적으로 누구에게 주시는 말씀입니까(19:27, 20:26~28)?

6. 본문은 하나님 나라(천국)에 관한 말씀입니다(1). 포도원 주인의 모습을 통해 우리는 하나님 나라의 어떤 특성을 알 수 있습니까?

ESV

삶의 자리

1. 하나님의 일꾼으로 부름 받은 사람들은 하나님이 보상해 주십니다(고전 3:6~8). 하지만 본문의 비유를 볼 때 일꾼으로 부름 받은 사람들이 주의해야 할 것은 무엇입니까(빌 2:14; 눅 17:10)?

2. 본문의 비유로 본다면 당신은 천국의 주인으로부터 언제(어느 시간에) 부름 받은 사람입니까?

함께 기도합시다

천국의 특성

본문에 나타난 '품꾼을 얻어 포도원에 들여보내려고 이른 아침에 나간 집 주인'은 '천국'에 비유되고 있습니다. 그러므로 이 집 주인의 행동과 태도는 천국의 특성을 잘 보여주고 있습니다. 일의 양과 품삯이 비례해야 한다는 것은 이 세상의 일반적인 생각입니다. 하지만 천국은 일의 양으로 들어가는 곳이 아니라 주인의 초청과 약속을 근거로 들어가는 곳임을 본문의 비유는 우리에게 가르쳐 줍니다. 즉 우리의 구원에 '행위의 원리'가 아닌 '은혜의 원리'가 작동되는 곳이 천국입니다. 사실 그 누구도 자신의 행위나 그 어떠함으로 예수님의 구원의 자리에 부름을 받을 만한 자격이 없습니다. 하지만, 주님은 우리를 불쌍히 여기셔서 구원의 자리로 불러 주셨습니다. 우리를 부르신 예수님은 우리에게 영생을 약속하시고, 하나님의 위대한 구원 역사에 동역자로 부르셔서 귀한 사명을 주셨습니다. 우리가 의미 있는 곳에 부름 받고 쓰임 받는 다는 것은 그 자체만으로 가치 있고 귀한 일입니다. 하물며 영원한 하나님 나라를 위해 우리가 부름 받고 쓰임을 받는 다는 것이 얼마나 귀한 일입니까? 따라서 우리는 다른 일꾼들과 자신을 비교하면서 포도원 주인을 원망했던 먼저 된 자들처럼 살아서는 안 될 것입니다. 도리어 일할 자격이 없는 자를 불러 주신 은혜를 감사하며 겸손하게 주님께 충성하는, 나중에 와서 한 시간 밖에 일하지 않는 사람과 같은 마음으로 주님의 일을 감당하는 일꾼이 되어야 하겠습니다.

19과

왕의 잔치에 합당한 자

- 마태복음 22:1~14(14)

청함을 받은 자는 많되 택함을 입은 자는 적으니라

시작하는 이야기

예수님은 천국을 '아들을 위하여 혼인잔치를 베푼 임금'과 같다고 비유하였습니다. 본문에선 크게 두 부류의 인물군(群)이 나오는데 하나는 미리 초청에 응하기로 약속하고도 당일에 오지 않아 임금의 진노를 받게 된 사람들과, 자격은 없었으나 당일에 초청되어 잔치에 참여하게 된 사람들입니다. 하나님은 우리를 위해 큰 잔치를 베풀고 초청하고 있습니다. 몇 번이고 자기 종들을 보내어 초청하지만 그 중에 잔치에 참석하게 되는 수는 지극히 적습니다. 오늘 말씀은 하나님의 사랑과 은혜에 무관심한 인생이 결국 어떻게 되는지 경고하고 있습니다. 이 천국잔치에 참여하기 위한 우리의 마음가짐은 어떠해야 하며, 어떤 준비가 필요한지 배울 수 있게 됩니다.

말씀의 자리

1. 비유에서 임금, 아들, 혼인 잔치, 종들, 초청받은 사람들, 사거리 길가 사람들은 누구를 비유합니까?

2. 임금이 혼인 잔치 준비를 완료하고 초청받은 자들을 초청하였을 때 그들의 반응은 어떠합니까(3~6)? 오늘 이와 같은 상황에 당신이 처했다면 당신의 반응은 어떠할까요?

*근동지방에서의 풍습은 처음에는 일반적인 초청이 보내지고, 참석하겠다고 약속한 사람들에게 연회가 가까웠을 때 정확한 날짜와 시간을 알려줬음.

ESV

1 And again Jesus spoke to
them in parables, saying, 2 "The
kingdom of heaven may be
compared to a king who gave a
wedding feast for his son, 3 and
sent his servants to call those
who were invited to the wedding
feast, but they would not come.
4 Again he sent other servants,
saying, 'Tell those who are
invited, "See, I have prepared
my dinner, my oxen and my fat
calves have been slaughtered,
and everything is ready. Come
to the wedding feast."' 5 But
they paid no attention and went
off, one to his farm, another to
his business, 6 while the rest
seized his servants, treated
them shamefully, and killed
them.

3. 초청받은 자들이 왕의 잔치를 거부하고 종들을 죽인 것은 왕과의 약속을 가볍게 여기고 왕을 무시한 처사입니다. 임금은 그들을 어떻게 합니까(7~8)?

4. 왕의 잔치에는 결국 어떤 자들이 초청되었습니까(9~10)?

ESV

7 The king was angry, and he sent his troops and destroyed those murderers and burned their city. 8 Then he said to his servants, 'The wedding feast is ready, but those invited were not worthy. 9 Go therefore to the main roads and invite to the wedding feast as many as you find.' 10 And those servants went out into the roads and gathered all whom they found, both bad and good. So the wedding hall was filled with guests.

5. 예복의 영적 의미는 무엇입니까(11; 사 61:10; 계 19:8,9)? 왜 천국 잔치에 참여하려면 예복을 입어야 합니까(12~13; 사 64:6)?

*예복: 당시 왕의 잔치에 참여하기 위해서는 반드시 궁궐에서 주는 예복을 착용해야 하는 관습이 있었음(롬 13:14).

6. 혼인 잔치 비유의 전체 교훈이 무엇입니까(14)?

ESV

11 "But when the king came
in to look at the guests, he
saw there a man who had
no wedding garment. 12 And
he said to him, 'Friend, how
did you get in here without a
wedding garment?' And he was
speechless. 13 Then the king
said to the attendants, 'Bind
him hand and foot and cast him
into the outer darkness. In that
place there will be weeping and
gnashing of teeth.' 14 For many
are called, but few are chosen."

삶의 자리

1. 이 비유는 자기 아들을 위해 혼인 잔치를 베풀고 초청하시는 하나님의 사랑과 이에 대한 유대인들의 잘못된 태도를 보여주고 있습니다. 당신은 천국잔치에 초청된 것을 기쁘게 생각하고 있습니까? 혹시 당신의 마음 속에 천국보다 더 귀하게 생각하는 것은 없습니까?

2. 임금의 아들의 혼인 잔치는 어떤 잔치입니까? 이 잔치에 참여하기 위해서는 어떤 마음 자세와 어떤 준비가 필요합니까?

함께 기도합시다

말씀의 자리 +Plus

잔치에 참여하기 위한 조건

임금 아들의 혼인잔치는 예수님의 십자가 사건을 말합니다. 유대인들은 처음부터 초청된 백성들이었습니다. 하지만 그들은 하나님의 초청을 거부했습니다. 하나님의 택하신 은혜와 사랑을 멸시하고 고의적으로 대적하였습니다. 결국 그들은 심판 받게 되었습니다. 우리는 자격 없이 길거리에 있다가 초청된 사람들입니다. 이 잔치에 참여한다는 것은 임금 하나님의 초청(계획)에 동참하는 것이며, 죄 사함의 은혜를 덧입는 것과 같습니다. 하나님은 우리를 사랑하셔서 자기 아들 예수님을 십자가에 내주기까지 하셨습니다. 하나님이 베푸신 잔치에는 온갖 먹거리가 가득하고 기쁨이 가득합니다. 값없이 참석하여 즐거워하기만 하면 됩니다. 하지만 이 잔치에는 반드시 하나님이 주신 예복을 입어야 합니다. 누구든지 값없이 주시는 예수 그리스도의 의의 옷을 입지 않고는 들어갈 수 없습니다. 모든 사람들을 초청하지만 결국 택함 받은 사람은 소수라는 사실을 볼 때, 부르심의 은혜에 감사하고 믿음의 예복을 입은 사람은 많지 않다는 사실을 알 수 있습니다. 당신은 이 예복을 받아 준비해놓고 있습니까? 지금 이 시간 누구든지 예수님을 나의 구주로 영접함으로 이 예복을 입을 수 있습니다.

20과

말세의 징조

- 마태복음 24:1~14(14)

이 천국 복음이 모든 민족에게 증언되기 위하여 온 세상에 전파되리니 그제야 끝이 오리라

시작하는 이야기

성경은 세상의 시작이 있듯이 끝도 있다고 가르칩니다. '세상의 마지막 때'를 말세(末世)라고 말합니다. 사람들은 그때가 언제인지, 그때 어떤 일들이 벌어질지 등등, 말세에 대해 궁금해 합니다. 예수님 당시 제자들도 세상 끝의 징조에 대해 궁금해 했습니다. 예수님은 제자들에게 먼저 미혹받지 않도록 주의하라고 하십니다. 그리고 큰 환난과 함께 땅 끝까지 천국 복음이 전파되는 것이라고 말씀해 주십니다. 오늘 말씀을 통해서 예수님의 재림을 사모하는 성도들이 이 땅에서 어떻게 준비하며 살아야 하는지 배울 수 있습니다.

말씀의 자리

1. 제자들이 예수님께 무슨 질문을 하였습니까(3)? 질문하게 된 동기는 무엇입니까(1~2)?

2. 말세의 때 사람들이 받게 될 미혹은 무엇입니까(4~5, 11; 참조 23~24)?

ESV

1 Jesus left the temple and was
going away, when his disciples
came to point out to him the
buildings of the temple. 2 But
he answered them, "You see all
these, do you not? Truly, I say to
you, there will not be left here
one stone upon another that
will not be thrown down." 3 As
he sat on the Mount of Olives,
the disciples came to him
privately, saying, "Tell us, when
will these things be, and what
will be the sign of your coming
and of the end of the age?" 4
And Jesus answered them,
"See that no one leads you
astray. 5 For many will come
in my name, saying, 'I am the
Christ,' and they will lead many
astray.

3. 재난의 시작을 알리는 징조들은 무엇이 있습니까(6~8, 9, 10~12)?

4. 진정한 세상의 끝은 언제 옵니까(14)?

ESV

6 And you will hear of wars
and rumors of wars. See that
you are not alarmed, for this
must take place, but the end
is not yet. 7 For nation will rise
against nation, and kingdom
against kingdom, and there will
be famines and earthquakes
in various places. 8 All these
are but the beginning of the
birth pains. 9 "Then they will
deliver you up to tribulation and
put you to death, and you will
be hated by all nations for my
name's sake. 10 And then many
will fall away and betray one
another and hate one another.
11 And many false prophets will
arise and lead many astray. 12
And because lawlessness will
be increased, the love of many
will grow cold. 13 But the one
who endures to the end will be
saved. 14 And this gospel of the
kingdom will be proclaimed
throughout the whole world as
a testimony to all nations, and
then the end will come.

5. 예수님은 세상의 끝이 다가 올수록 제자들이 어떤 자세를 가져야 한다고 가르치십니까(4,13; 참조 42~44)?

ESV

삶의 자리

1. 요즘 당신은 무슨 생각을 많이 하고 있습니까? 당신의 마음을 현혹하는 것은 무엇입니까?

2. 당신은 재림을 사모하며, 기다리고 있습니까? 예수님의 재림을 기다리는 성도가 힘써야 할 일이 무엇입니까?

함께 기도합시다

말씀의 자리 +Plus

예수님의 재림

예수님은 세상 끝의 징조를 묻는 제자들에게 "너희가 사람의 미혹을 받지 않도록 주의하라"고 경계하셨습니다. 적그리스도와 거짓 선지자들의 출현, 끊임없는 전쟁과 전쟁 소문, 처처에서 일어나는 기근과 지진, 성도들에 대한 큰 환난과 핍박 등이 있을 것이라고 말해 주셨습니다. 이런 징조들은 불안한 마음을 갖게 합니다. 그래서 오늘날도 이단(異端)들은 이런 불안한 요소들을 강조하며 마음을 미혹케 하고 있습니다. 그러면서 자신들의 교주가 재림주라고 속이기도 합니다. 참된 주님의 제자들은 이 모든 것들보다도 더 확실한 징조가 있음을 잊지 말아야 합니다. 바로 온 세상에 복음이 전파된 뒤에야 주님이 임하신다는 사실입니다. 이 말씀으로 예수님은 제자들의 주된 관심을 '세상 끝날의 징조'에서 온 세상에 나아가 '모든 민족에게 복음을 전하는 것'으로 바꾸어 주셨습니다. 그 후 제자들은 모든 환난 가운데도 두려워하지 않고, 땅 끝까지 나아가 복음을 전하는 일에 전심전력하였습니다.

하나님을 사랑하는 사람은 주의 재림을 사모하며 기다립니다. 주님이 언제 오실 지 알 수 없기에 세상으로부터 자신을 구별된 존재로 남기기 위해서 깨어있기를 힘씁니다. 또한 마지막 때가 오기까지 주님이 내게 맡겨주신 사명을 성실함으로 감당합니다. 복음을 증거하고 빛과 소금의 삶을 지켜 나갑니다. 마지막 날까지 깨어 승리하는 제자 되길 기도합니다.

21과

예수님의 재림을 기다리는 사람들의 자세

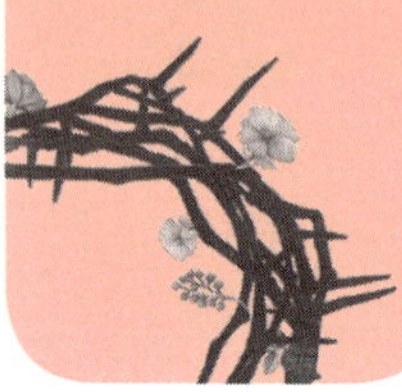

- 마태복음 25:1~30(21)

그 주인이 이르되 잘하였도다 착하고 충성된 종아 네가 적은 일에 충성하였으매 내가 많은 것을 네게 맡기리니 네 주인의 즐거움에 참여할지어다 하고

시작하는 이야기

오늘 말씀에 앞서 예수님은 제자들에게 예루살렘 멸망을 경고하고 그의 재림을 예언하였습니다. 그러나 예수님이 오시는 날과 때는 하나님 아버지 외에는 아무도 모름을 밝혔습니다. 그 사실을 더 자세히 설명하기 위해 주님은 비유로 말씀해 주셨습니다. 신랑과 열 처녀 비유, 달란트 비유는 모두 '하나님의 때' 를 기다리는 사람의 자세가 어떠해야 하는지 말해주고 있습니다. 이 비유를 통해 재림을 예비하는 사람들의 마땅한 자세를 배울 수 있기 바랍니다.

말씀의 자리

1. 혼인잔치의 열 처녀는 신부 들러리입니다. 밤중에 도착한 신랑을 맞이할 때 미련한 다섯 처녀와 슬기로운 다섯 처녀의 공통점과 차이점은 무엇입니까(3,4)?

2. 그 차이가 어떻게 나타납니까(6~13)?

ESV

1 "Then the kingdom of heaven
will be like ten virgins who
took their lamps and went to
meet the bridegroom. 2 Five
of them were foolish, and five
were wise. 3 For when the
foolish took their lamps, they
took no oil with them, 4 but the
wise took flasks of oil with their
lamps. 5 As the bridegroom
was delayed, they all became
drowsy and slept. 6 But at
midnight there was a cry, 'Here
is the bridegroom! Come out
to meet him.' 7 Then all those
virgins rose and trimmed their
lamps. 8 And the foolish said to
the wise, 'Give us some of your
oil, for our lamps are going
out.' 9 But the wise answered,
saying, 'Since there will not be
enough for us and for you, go
rather to the dealers and buy
for yourselves.' 10 And while
they were going to buy, the
bridegroom came, and those
who were ready went in with
him to the marriage feast, and
the door was shut. 11 Afterward
the other virgins came also,
saying, 'Lord, lord, open to us.'
12 But he answered, 'Truly, I
say to you, I do not know you.' 13
Watch therefore, for you know
neither the day nor the hour.

3. 주인과 종, 달란트는 무엇을 비유합니까?

*달란트: 원래 무게 단위임. 그 당시는 화폐 단위였음. 한 달란트를 벌기 위해서는 노동자 한사람이 20년간 일해야 함. 오늘날은 '재능'이란 의미로 사용함.

4. 주인이 타국에 들어갈 때 종들에게 각각 무엇을 맡겼습니까(15)? 종들은 각각 어떻게 했습니까(16~18)?

ESV

14 "For it will be like a man
going on a journey, who called
his servants and entrusted to
them his property. 15 To one
he gave five talents, to another
two, to another one, to each
according to his ability. Then
he went away. 16 He who had
received the five talents went
at once and traded with them,
and he made five talents more.
17 So also he who had the two
talents made two talents more.
18 But he who had received the
one talent went and dug in the
ground and hid his master's
money. 19 Now after a long time
the master of those servants
came and settled accounts
with them. 20 And he who had
received the five talents came
forward, bringing five talents
more, saying, 'Master, you
delivered to me five talents;
here, I have made five talents
more.' 21 His master said to
him, 'Well done, good and
faithful servant. You have been
faithful over a little; I will set you
over much. Enter into the joy
of your master.' 22 And he also
who had the two talents came
forward, saying, 'Master, you
delivered to me two talents;
here, I have made two talents
more.' 23 His master said to
him, 'Well done, good and
faithful servant. You have been
faithful over a little; I will set you
over much. Enter into the joy of
your master.'

5. 주인이 돌아와 첫째와 둘째 종을 어떻게 칭찬하며, 무슨 상급을 주십니까(19~23)?

6. 셋째 종은 어떤 점에서 주인을 오해했으며, 그의 잘못은 무엇입니까(24~27)? 그는 어떤 벌을 받게 됩니까(30)?

ESV

24 He also who had received
the one talent came forward,
saying, 'Master, I knew you to
be a hard man, reaping where
you did not sow, and gathering
where you scattered no seed, 25
so I was afraid, and I went and
hid your talent in the ground.
Here, you have what is yours.'
26 But his master answered
him, 'You wicked and slothful
servant! You knew that I reap
where I have not sown and
gather where I scattered no
seed? 27 Then you ought to have
invested my money with the
bankers, and at my coming I
should have received what was
my own with interest. 28 So take
the talent from him and give it
to him who has the ten talents.
29 For to everyone who has will
more be given, and he will have
an abundance. But from the
one who has not, even what
he has will be taken away. 30
And cast the worthless servant
into the outer darkness. In that
place there will be weeping and
gnashing of teeth.'

삶의 자리

1. 열 처녀 비유와 달란트 비유가 주는 교훈은 무엇입니까? 당신이 이 비유에 등장하는 인물이었다면 어떤 사람에 속했을까요?

2. 크리스천은 왕의 재림을 기다리는 사람입니다. 하나님께서 주신 재능, 젊음, 시간, 물질을 어떻게 사용하고 있는지 말해봅시다.

함께 기도합시다

말씀의 자리 +Plus

신랑을 기다리는 사람들

정혼한 신랑은 약 일 년 정도의 시간을 두고 신부를 맞이할 준비를 합니다. 준비가 다 되면 신랑은 신부를 데려오라는 아버지의 명령을 기다려야 합니다. 혼인 날짜를 정하고 아내를 데려와 혼례를 치루고 잔치를 베푸는 것은 전적인 아버지의 권한이기 때문입니다. 예수님의 재림도 아버지의 전적인 권한임을 말씀하셨습니다(13절, 행 1:7). 아버지는 모든 것이 다 준비된 것을 확인한 다음에야 아들을 신부에게로 보냅니다. 한편 신부집에서는 어느 시기를 짐작은 해도 신랑집에서 언제 신부를 데리러 올지 알 수 없습니다. 그러므로 항상 만반의 준비를 다 하고 있어야 합니다. 신부는 언제든지 신랑이 데리러 오기만 하면 즉시로 떠날 수 있는 준비를 갖추고 있어야 했습니다(막 13:32~35). 본문에서 신랑은 '한 밤 중에' 신부집에 거의 도착하게 되었습니다. 신랑의 들러리들은 신랑이 왔다고 하는 사실을 알리기 위해 큰 소리로 외쳤습니다. "신랑이 온다. 나와서 맞이하여라(6절)." 마치 "주께서 호령과 천사장의 소리와 하나님의 나팔 소리와 함께 친히 하늘로서 내려(살전 4:16)" 오시는 것처럼 말입니다. 신랑을 기다리다가 잠에 빠졌던 열 처녀들은 신부의 들러리들입니다. 그들은 자고 있었기에 신랑 맞을 준비를 허겁지겁 했습니다. 미련한 처녀들만 자고 있었던 것이 아니라 지혜로운 다섯 처녀들도 함께 자고 있었습니다. 그러나 차이점은, 슬기로운 들러리들은 기름을 충분히 준비하고 있었는데 반해, 미련한 들러리들은 기름을 준비하긴 했지만, 충분하지 못했다는 점입니다. 슬기로운 처녀들만이 잔치에 참여할 수 있었습니다. 주님은 이 비유를 말씀하신 후에 제자들에게 이렇게 말씀하셨습니다. "그런즉 깨어 있으라! 너희는 그 날과 그 시를 알지 못하느니라(마 25:13)." 이 비유는 주님의 재림을 위해 성도들이 지혜롭게 준비하고 있어야 한다는 것을 가르쳐 주고 있습니다. 주님의 재림은 생각보다 매우 지연이 될 것입니다. 그러므로 많은 사람들이 주님의 재림을 부인하고, 잊고 살게 될 것입니다. 이러한 사람들은 대부분 주님의 재림 때를 위해 준비하지 않고 정욕을 따라 마음대로 살며 수많은 시간과 재력을 헛된 일로 허비하게 될 것입니다. 그러나 지혜로운 성도들은 주님의 재림을 확신하고, 그 때를 대비해서 철저한 준비를 하며 살아야합니다. 그것은 말씀대로 사는 것입니다. 주님이 재림하실 때는 알지 못하지만 말씀대로 평소에 살아왔던 주의 제자들은 즐거이 잔치에 참여하게 될 것입니다.

22과

예수님의 기도

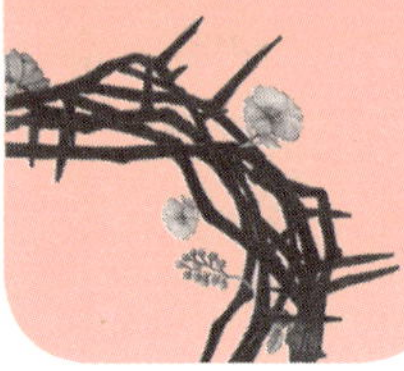

- 마태복음 26:31~56(39)

조금 나아가사 얼굴을 땅에 대시고 엎드려 기도하여 이르시되 내 아버지여 만일 할 만하시거든 이 잔을 내게서 지나가게 하옵소서 그러나 나의 원대로 마시옵고 아버지의 원대로 하옵소서 하시고

시작하는 이야기

유월절 최후 만찬 후에 유다는 예수님을 팔기 위해 나갔고, 예수님은 다락방에서 제자들에게 유월절 교훈을 하셨습니다. 유다가 군병들을 데려오기 직전에 예수님은 기도하러 겟세마네 동산으로 올라가셨습니다. 여기서 우리는 기도하는 예수님과 기도하지 못하고 있는 제자들의 모습을 봅니다. 기도하시며 다가올 고난을 준비하시고 깨어 하나님의 뜻에 순종하시는 예수님의 모습 속에서 기도가 하나님의 뜻을 이루게 하는 힘이 있다는 사실과 기도하지 못할 때 얼마나 무기력한지 깨닫게 됩니다. 오늘 말씀을 통해 예수님의 기도를 깊이 깨닫는 시간이 되길 바랍니다.

말씀의 자리

1. 예수님은 제자들에게 무슨 예언을 하십니까(31,32,34)? 베드로와 제자들의 반응은 어떠합니까(33,35)?

2. 예수님은 고난을 어떻게 준비하십니까(36)? 왜 예수님은 세 제자를 따로 데리고 가십니까(37~38, 40~41)? 기도하실 때 예수님의 형편이 어떠했습니까?

ESV

31 Then Jesus said to them, "You
will all fall away because of
me this night. For it is written,
'I will strike the shepherd, and
the sheep of the flock will be
scattered.' 32 But after I am
raised up, I will go before you
to Galilee." 33 Peter answered
him, "Though they all fall away
because of you, I will never fall
away." 34 Jesus said to him,
"Truly, I tell you, this very night,
before the rooster crows, you
will deny me three times." 35
Peter said to him, "Even if I
must die with you, I will not deny
you!" And all the disciples said
the same. 36 Then Jesus went
with them to a place called
Gethsemane, and he said to
his disciples, "Sit here, while I
go over there and pray." 37 And
taking with him Peter and the
two sons of Zebedee, he began
to be sorrowful and troubled. 38
Then he said to them, "My soul
is very sorrowful, even to death;
remain here, and watch with
me." 39 And going a little farther
he fell on his face and prayed,
saying, "My Father, if it be
possible, let this cup pass from
me; nevertheless, not as I will,
but as you will." 40 And he came
to the disciples and found them
sleeping. And he said to Peter,
"So, could you not watch with
me one hour? 41 Watch and
pray that you may not enter into
temptation. The spirit indeed is
willing, but the flesh is weak."

3. 예수님의 첫 번째 기도와 두 번째 기도 내용을 살펴보시오. 어떻게 달라집니까(39,42)?

4. 예수님은 어떻게 체포당하셨습니까(47~50)?

ESV

42 Again, for the second time,
he went away and prayed,
"My Father, if this cannot pass
unless I drink it, your will be
done." 43 And again he came
and found them sleeping, for
their eyes were heavy. 44 So,
leaving them again, he went
away and prayed for the third
time, saying the same words
again. 45 Then he came to the
disciples and said to them,
"Sleep and take your rest later
on. See, the hour is at hand,
and the Son of Man is betrayed
into the hands of sinners. 46
Rise, let us be going; see, my
betrayer is at hand." 47 While he
was still speaking, Judas came,
one of the twelve, and with him
a great crowd with swords and
clubs, from the chief priests
and the elders of the people.
48 Now the betrayer had given
them a sign, saying, "The one I
will kiss is the man; seize him."
49 And he came up to Jesus
at once and said, "Greetings,
Rabbi!" And he kissed him. 50
Jesus said to him, "Friend, do
what you came to do." Then
they came up and laid hands on
Jesus and seized him.

5. 위기를 맞았을 때 기도하지 않는 제자들과 기도하신 예수님의 반응이 어떻게 다릅니까(51~56)?

*열두 영: 한 영은 6,000명의 군사로 된 로마의 군단임.

ESV

51 And behold, one of those who
were with Jesus stretched out
his hand and drew his sword
and struck the servant of the
high priest and cut off his ear.
52 Then Jesus said to him, "Put
your sword back into its place.
For all who take the sword will
perish by the sword. 53 Do you
think that I cannot appeal to my
Father, and he will at once send
me more than twelve legions of
angels? 54 But how then should
the Scriptures be fulfilled, that
it must be so?" 55 At that hour
Jesus said to the crowds, "Have
you come out as against a
robber, with swords and clubs
to capture me? Day after day I
sat in the temple teaching, and
you did not seize me. 56 But
all this has taken place that
the Scriptures of the prophets
might be fulfilled." Then all the
disciples left him and fled.

삶의 자리

1. 기도하실 때 예수님은 왜 그렇게 고통스러워 하셨습니까(37~39; 히 5:7; 고후 5:21; 갈 3:13)?

2. 제자들의 신앙의 문제점이 무엇입니까? 왜 실패하고 말았습니까? 예수님의 겟세마네 기도에서 배울 점이 무엇입니까?

함께 기도합시다

말씀의 자리 +Plus

기도

제자들은 주님의 고난과 죽으심의 의미를 깨닫고 겸손히 주를 의지하며 주의 말씀에 순종해야했습니다. 가룟유다 뿐만 아니라 베드로와 다른 제자들도 다 이기적인 죄성이 있으므로 시험에 들지 않도록 깨어 기도해야 했습니다. 그러나 제자들은 자신의 연약함을 인정치 않고, 자신의 선함과 강함을 의지하다가 주를 버리고 도망갔습니다. 예수님은 십자가의 고난을 앞두고 큰 고통과 슬픔 속에서도 기도하심으로 사단의 시험을 이기고 하나님의 뜻에 순복하였습니다. 예수님은 체포를 당하셨지만, 그 절망적인 상황 가운데서도 하나님의 뜻이 이루어짐을 보시고 당당히 나아갈 수 있었습니다. 우리도 기도의 싸움을 통해서만 십자가를 피하라는 사단의 유혹을 이기고, 세상 가운데서 고난과 십자가의 길로 나아갈 수 있습니다. 또한 기도는 함께 할 때 더 큰 힘을 발휘합니다. 예수님도 제자들에게 기도의 동역을 요청하셨습니다. 잠자고 있던 제자들에게 하신 주님의 말씀이 인상적입니다. "너희가 나와 함께 한 시간도 이렇게 깨어 있을 수 없더냐?" 여기서 한 시간은 'one hour'를 말합니다. 주님은 제자들에게 한 시간 정도의 기도를 요청하셨던 것입니다. 기도는 분량으로 따질 수 없는 것이지만, 선한 욕심을 내본다면 매일 한 시간씩의 기도 시간을 가지는 것이 어떨까요? 기도가 삶의 일부가 되어서(식사를 빠지지 않고 하듯이) 하나님의 뜻하신 방향으로 나아가는 삶 사시길 바랍니다.

23과 십자가에 못 박히신 하나님의 아들

• 마태복음 27:27~56(54)

백부장과 및 함께 예수를 지키던 자들이 지진과 그 일어난 일들을 보고 심히 두려워하여 이르되 이는 진실로 하나님의 아들이었도다 하더라

시작하는 이야기

사형선고를 받으신 예수님은 로마 군병들, 무리들, 유대 종교 지도자들, 심지어 강도에게조차 온갖 멸시와 고통을 당하시고, 하나님께도 버림받는 영적 고통 가운데 십자가에 못 박혀 돌아가셨습니다. 갈보리 산 위의 주님의 십자가는 우리를 위한 것이었습니다. 주님을 믿고 따르는 자들은 십자가의 신앙으로 살아야 합니다. 찔리고 상하시고 십자가에서 죽으신 주님의 십자가의 진정한 의미를 알아야 십자가의 신앙을 가질 수 있습니다. 본문을 통해 예수님의 고난을 생생히 그려 보며 그 의미를 깊이 깨달을 수 있기를 바랍니다.

말씀의 자리

1. 예수님께서는 군병들에게 어떤 고통과 조롱을 당하셨습니까(27~30)?

*관정: 총독의 관저
*군대: 200~600명으로 구성된 보병대

2. 예수님께서 십자가에 못 박히시기까지의 과정을 살펴보세요(31~38).

ESV

27 Then the soldiers of the
governor took Jesus into the
governor's headquarters,
and they gathered the whole
battalion before him. 28 And
they stripped him and put a
scarlet robe on him, 29 and
twisting together a crown of
thorns, they put it on his head
and put a reed in his right hand.
And kneeling before him, they
mocked him, saying, "Hail, King
of the Jews!" 30 And they spit
on him and took the reed and
struck him on the head. 31 And
when they had mocked him,
they stripped him of the robe
and put his own clothes on him
and led him away to crucify
him. 32 As they went out, they
found a man of Cyrene, Simon
by name. They compelled this
man to carry his cross. 33 And
when they came to a place
called Golgotha (which means
Place of a Skull), 34 they offered
him wine to drink, mixed with
gall, but when he tasted it, he
would not drink it. 35 And when
they had crucified him, they
divided his garments among
them by casting lots. 36 Then
they sat down and kept watch
over him there. 37 And over
his head they put the charge
against him, which read, "This
is Jesus, the King of the Jews."
38 Then two robbers were
crucified with him, one on the
right and one on the left.

3. 십자가에 못 박힌 예수님을 보는 자들의 반응이 어떠합니까(39~44)? 유대 종교 지도자들이 예수님을 조롱하는 이유가 무엇입니까(고전 1:23; 신 21:23)?

4. 예수님이 십자가에서 죽으시기 전에 무슨 일들이 일어났습니까(45~50)? 특히 예수님의 부르짖음의 의미가 무엇입니까(46)?

ESV

39 And those who passed by
derided him, wagging their
heads 40 and saying, "You who
would destroy the temple and
rebuild it in three days, save
yourself! If you are the Son
of God, come down from the
cross." 41 So also the chief
priests, with the scribes and
elders, mocked him, saying, 42
"He saved others; he cannot
save himself. He is the King
of Israel; let him come down
now from the cross, and we
will believe in him. 43 He trusts
in God; let God deliver him
now, if he desires him. For he
said, 'I am the Son of God.'"
44 And the robbers who were
crucified with him also reviled
him in the same way. 45 Now
from the sixth hour there was
darkness over all the land until
the ninth hour. 46 And about
the ninth hour Jesus cried out
with a loud voice, saying, "Eli,
Eli, lema sabachthani?" that is,
"My God, my God, why have you
forsaken me?" 47 And some of
the bystanders, hearing it, said,
"This man is calling Elijah." 48
And one of them at once ran
and took a sponge, filled it with
sour wine, and put it on a reed
and gave it to him to drink. 49
But the others said, "Wait, let
us see whether Elijah will come
to save him." 50 And Jesus cried
out again with a loud voice and
yielded up his spirit.

5. 예수님께서 운명하신 후 어떤 사건이 일어났습니까(51~53)?
성소휘장의 찢어짐(히 4:16; 10:19~23), 잠자는 성도들의 부활(고전 15:20)은 무슨 의미가 있습니까?

6. 이것을 지켜본 백부장과 군병들의 반응이 무엇입니까(54)?
끝까지 예수님을 따른 사람들은 누구입니까(55~56)?

ESV

51 And behold, the curtain of
the temple was torn in two,
from top to bottom. And the
earth shook, and the rocks
were split. 52 The tombs also
were opened. And many bodies
of the saints who had fallen
asleep were raised, 53 and
coming out of the tombs after
his resurrection they went into
the holy city and appeared to
many. 54 When the centurion
and those who were with him,
keeping watch over Jesus, saw
the earthquake and what took
place, they were filled with awe
and said, "Truly this was the
Son of God!" 55 There were also
many women there, looking
on from a distance, who had
followed Jesus from Galilee,
ministering to him, 56 among
whom were Mary Magdalene
and Mary the mother of James
and Joseph and the mother of
the sons of Zebedee.

삶의 자리

1. 로마 군병들에게 조롱당하고 고난받는 예수님의 심정이 어떠했겠습니까(27~30; 시 22:12,13)? 예수님이 가시 면류관을 쓰신 의미는 무엇입니까(31; 창 3:18)?

2. 예수님의 십자가의 고난과 죽음이 자신에게 주는 의미가 무엇인지 말해봅시다.

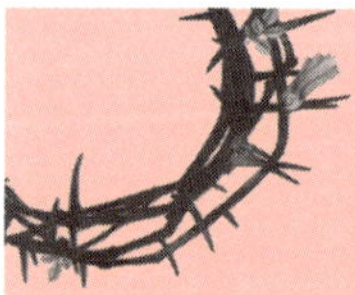

함께 기도합시다

말씀의 자리 +Plus

예수님의 십자가

주님은 사람들의 죄의 저주를 대신 받으신 것이며(민 25:4; 신 21:22~23) 동시에 세례요한의 증거대로 하나님의 어린 양으로서 인류의 죄의 문제를 해결하시기 위해 죽임을 당하셨습니다. 예수님의 죽음은 사람들을 구원하기 위한 죄의 값입니다. 예수님의 십자가는 저주의 십자가였지만 죄인 된 우리들에게는 구원의 십자가입니다. 성소의 휘장이 위에서부터 아래로 찢어져 둘이 되었고 땅이 진동하고 바위가 터지고 무덤들이 열려 자던 성도의 몸이 많이 일어났습니다. 성소의 휘장이 찢어졌다는 것은 이제 하나님께로 나아갈 수 있는 길이 새롭게 열렸다는 것입니다. 구약시대에는 성전에서 제물을 가지고 하나님께 나아갈 수 있었지만 이제는 예수님을 통하여 하나님께 나아가는 새로운 구원의 길이 열렸음을 말해줍니다. 하나님과 인간 사이를 가로막고 있었던 죄의 담, 죄의 장막이 예수님의 십자가의 죽음으로 인하여 제거되었습니다(히 10:19~22; 벧전 2:24). 또한 주님의 십자가는 승리의 십자가입니다. 예수님의 처절한 십자가의 죽음의 현장에서 구원역사의 승리의 고백이 터져 나왔습니다(54). 실패자처럼 보이는 십자가에서 예수님이 진정한 승리자이시라는 것을 보여주고 있는 말씀입니다. 십자가가 있는 곳에는 승리가 있습니다. 이것이 진정한 기독교 복음역사의 비밀입니다. 십자가가 고통과 수치와 저주였지만 유일한 구원의 길이요, 우리에게 승리를 가져다주는 놀라운 비밀입니다.

24과 예수님의 부활과 명령

● 마태복음 28:1~20(19)

그러므로 너희는 가서 모든 민족을 제자로 삼아 아버지와 아들과 성령의 이름으로 세례를 베풀고

시작하는 이야기

예수님은 부활하셨습니다. 우리의 죄를 위하여 십자가에 못 박혀 죽으신 예수님은 장사지낸바 되었다가 사흘 만에 다시 살아 나사 죄와 죽음의 권세를 타파하셨습니다. 이제 예수님은 만왕의 왕, 만유의 주로서 하늘과 땅의 모든 권세를 가지시고 세계 선교의 지상 명령을 주십니다. 예수님은 이 명령에 순종하는 자와 세상 끝 날까지 함께 하시며 친히 이 땅에 하나님 나라를 이루십니다. 오늘 말씀을 통해 왕의 명령과 약속을 받은 전권대사의 자세가 어떠해야 하는지 배울 수 있기를 바랍니다.

말씀의 자리

1. 누가, 언제 무덤을 찾았으며, 어떤 광경을 목격했습니까(1~4)?

2. 천사들이 전하여 준 메시지의 내용이 무엇입니까(5~7)?

ESV

1 Now after the Sabbath,
toward the dawn of the first day
of the week, Mary Magdalene
and the other Mary went to see
the tomb. 2 And behold, there
was a great earthquake, for an
angel of the Lord descended
from heaven and came and
rolled back the stone and sat
on it. 3 His appearance was
like lightning, and his clothing
white as snow. 4 And for fear of
him the guards trembled and
became like dead men. 5 But
the angel said to the women,
"Do not be afraid, for I know
that you seek Jesus who was
crucified. 6 He is not here,
for he has risen, as he said.
Come, see the place where he
lay. 7 Then go quickly and tell
his disciples that he has risen
from the dead, and behold, he
is going before you to Galilee;
there you will see him. See, I
have told you."

3. 여인들은 어떻게 부활하신 예수님을 만났습니까(8~10)?

4. 대제사장들과 장로들은 예수님의 부활을 어떻게 숨기려
고 합니까(11~15)?

ESV

8 So they departed quickly from
the tomb with fear and great
joy, and ran to tell his disciples.
9 And behold, Jesus met them
and said, "Greetings!" And they
came up and took hold of his
feet and worshiped him. 10 Then
Jesus said to them, "Do not be
afraid; go and tell my brothers
to go to Galilee, and there they
will see me." 11 While they
were going, behold, some of
the guard went into the city and
told the chief priests all that
had taken place. 12 And when
they had assembled with the
elders and taken counsel, they
gave a sufficient sum of money
to the soldiers 13 and said, "Tell
people, 'His disciples came by
night and stole him away while
we were asleep.' 14 And if this
comes to the governor's ears,
we will satisfy him and keep
you out of trouble." 15 So they
took the money and did as they
were directed. And this story
has been spread among the
Jews to this day.

5. 예수님께서 부활하신 후에 어디에서 제자들을 만나셨으며, 무슨 명령과 약속을 주셨습니까(16~20)?

ESV

16 Now the eleven disciples
went to Galilee, to the mountain
to which Jesus had directed
them. 17 And when they saw
him they worshiped him, but
some doubted. 18 And Jesus
came and said to them, "All
authority in heaven and on earth
has been given to me. 19 Go
therefore and make disciples
of all nations, baptizing them in
the name of the Father and of
the Son and of the Holy Spirit,
20 teaching them to observe
all that I have commanded
you. And behold, I am with you
always, to the end of the age."

삶의 자리

1. 예수님께서 죽음의 권세를 이기시고 부활하셨습니다. 부활하신 주님을 믿고 산다는 것은 부활신앙을 가지고 사는 것을 말합니다. 당신의 삶 속에서 부활신앙은 어떤 모습으로 나타날 수 있겠습니까?

2. 마태복음의 주제는 '만왕의 왕 예수 그리스도' 입니다. 예수님을 당신의 왕으로 영접하길 희망하십니까?

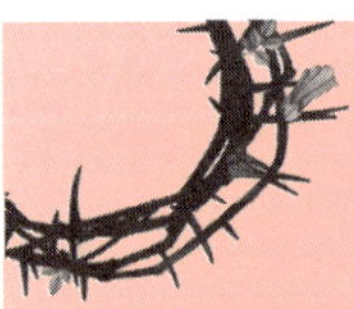

함께 기도합시다

말씀의 자리 +Plus

위대한 사명

예수님의 부활에 대한 놀라운 일을 보고 받은 대제사장들과 장로들은 군병들을 많은 돈으로 매수하여 부활에 대한 허위사실을 유포케 하였습니다. 제자들이 와서 주님의 시신을 도적질하여 갔다라고 하라는 것이었습니다. 마태는 종교지도자들의 얄팍한 술수가 결코 성공하지 못했음과 오히려 이것이 주께서 부활하셨다는 확실한 증거임을 고백하고 있습니다. 예수님께서는 부활의 증거를 은폐하려고 하는 자들의 음모에도 아랑곳하지 않으시고 부활하신 메시아로서의 모습을 보여주셨습니다. 마태복음은 주님의 부활로 끝나지 않고 예수님이 그의 제자들에게 마지막 사명을 명하시는 장면까지 보여주고 있습니다. 주님은 부활하심으로 하늘과 땅의 모든 권세를 받으셨습니다. 천사들보다 높으시고 땅위의 어떤 권세들보다 크신 권세를 하나님 아버지께 부여받으신 것입니다(빌 2:10). 만왕의 왕의 권세를 가지고 제자들에게 명령을 내리신 것입니다. 그렇기에 주님의 선교명령은 최상최대의 명령, 즉 지상명령(至上命令, The Great Commission)입니다.

주님의 제자들은 세계를 품은 그리스도인이 되어야 합니다. 세계를 품은 그리스도인은 자신이 받은 명령이 얼마나 위대한 것인지를 알고, 주의 복음이 필요한 곳으로 나아가기를 즐겨하며, 제자를 삼아 영생을 얻도록 돕습니다. 주님의 제자들이 이 일을 포기하지 않고 완수할 수 있는 이유는 왕의 약속이 있기 때문입니다. 우리와 늘 함께 하시며 도우시는 주님이 계시기 때문입니다. 세상 끝 날까지 함께 하시는 만왕의 왕 예수 그리스도를 믿음으로 승리합시다.

MEMO

MEMO

ESP(기독대학인회 출판부)는 다음과 같은 마음을 품고
기도하면서 일하고 있습니다.

첫째, 하나님의 말씀인 성경을 사랑합니다.
둘째, 청년 대학생은 이 시대의 희망입니다.
셋째, 문서사역을 통하여 성경적 세계관을 정립해 나갑니다.
넷째, 문서선교를 통하여 총체적 선교에 도움을 주고자 합니다.